W0097443

Joni Eareckson Tada
DICH SUCHE ICH

Joni Eareckson Tada

Dich suche ich

Mein Leben in Lobpreis und Gebet

Projektion J Verlag GmbH, Wiesbaden

Titel der amerikanischen Originalausgabe: Seeking God

© 1991 by Joni Eareckson Tada. All rights reserved.
Published in Brentwood, Tennessee, by Wolgemuth & Hyatt Publishers, Inc.

© der deutschen Ausgabe
1992 by Projektion J Verlag GmbH, Niederwaldstr. 14, D-6200 Wiesbaden

© des Bonhoeffer-Gedichtes auf S. 7: Chr. Kaiser Verlag, München

ISBN 3-925352-70-8

Übersetzung: Gabriele Horn
Umschlaggestaltung: Büro für Kommunikationsdesign Wolfram Heidenreich, Mainz
Gesamtherstellung: Schönbach-Druck GmbH, Erzhausen

Für Mary Lance Sisk und Bunny Warlen

Mary Lance — als ich Gott bat: »Hilf mir beten«,
sandte er dich. Als Gebetshelferin hast du mir gezeigt,
daß Gebet Vertrautheit mit Gott bedeutet,

und

Bunny — ein Narr für Christus bist du, zu glauben,
daß Gebet keine Arbeit sei, sondern Freude!
Wieviel Freude muß dein Gebet dem Vater bereiten!

HILF MIR ZU BETEN

Gott, zu dir rufe ich am frühen Morgen,
hilf mir beten und meine Gedanken sammeln;
ich kann es nicht allein.

In mir ist es finster, aber bei dir ist Licht,
ich bin einsam, aber du verläßt mich nicht,
ich bin kleinmütig, aber bei dir ist die Hilfe,
ich bin unruhig, aber bei dir ist Frieden,
in mir ist Bitterkeit, aber bei dir ist die Geduld,
ich verstehe deine Wege nicht,
aber du weißt den rechten Weg für mich.

Schenk mir die Freiheit wieder
und laß mich derzeit so leben,
wie ich es vor dir und vor den Menschen
verantworten kann.
Herr, was dieser Tag auch bringt — dein Name sei gelobt!

DIETRICH BONHOEFFER
Gebete für Mitgefangene

(Dietrich Bonhoeffer war lutherischer Pfarrer und Theologe.
Er wurde 1943 von den Nationalsozialisten gefangengenommen und 1945 in einem
Konzentrationslager auf persönlichen Befehl von Heinrich Himmler gehängt.)

INHALT

Teil 1:

WIE SIE SICH AUF DEN WEG MACHEN KÖNNEN

Teil 2:

WIE SIE DEN WEG DES GEBETES GEHEN

Teil 3:

WEITERGEHEN IM LOBPREIS

DANK

Als ich nochmals das Manuskript dieses Buches überflog, erkannte ich, wie viele zeitlose Geschichten und Erkenntnisse darin enthalten sind, einige durch liebe Freunde, andere durch mir vertraute Autoren. Auch Sie werden bemerken, daß Charles H. Spurgeon mich durch seine unvergeßlichen Predigten zu einem großen Teil dieses Buches angeregt hat. Hätte ich zu seiner Zeit gelebt, so hätte ich Sonntag für Sonntag in der ersten Reihe bei ihm im Gottesdienst gesessen.

Daher danke ich dem Baker Book House, das Spurgeon durch die Veröffentlichung der *Zwölf Predigten über das Gebet* hat »leben lassen«.

Auch bedanke ich mich bei Jim Galvin, Angela Hunt und Bev Singleton, die mir halfen, meinen Worten und damit dem Gebet von Menschen, die dieses Buch lesen, eine Form zu geben.

Teil 1

Wie Sie
sich auf den Weg
machen können

Kapitel 1

Wie Sie sich darauf vorbereiten, Gottes Angesicht zu suchen

*»Dort werdet ihr den Herrn, deinen Gott,
wieder suchen. Du wirst ihn auch finden, wenn du dich mit ganzem
Herzen und mit ganzer Seele um ihn bemühst.«*

Deuteronomium 4,29

Teenager zu sein ist schwer. Und es ist ein eigenes Leben, wenn Sie siebzehn Jahre alt sind und dies Leben im Rollstuhl vor sich haben. Ich bekomme viel Post von Dreizehn-, Vierzehn-, Fünfzehnjährigen in gleicher Lage, und viele fühlen sich so entmutigt, daß sie Schluß machen wollen. Sie können einfach nicht mit der Tatsache fertig werden, daß sie durch einen Unfall gelähmt oder blind sind.

Obwohl mittlerweile zwei Jahrzehnte vergangen sind, sind mir diese Gefühle so frisch in Erinnerung, als wäre alles erst gestern geschehen. Diese Gefühle sind ein Grund dafür, daß mein »Leben auf zwei Füßen« mit siebzehn »endete«, als ich mir bei einem Schwimmunfall mein Genick brach.

Das Schwierigste in jenen Tagen im Krankenhaus bestand für mich darin, den Ansprüchen an mein Christsein gerecht zu werden, wenn Leute zu Besuch kamen. Ich meinte, man erwartete von mir, daß ich ein fröhliches Gesicht machte. Doch ganz gleich, wie sehr ich es versuchte, es gelang mir nicht. Und dieses Versagen verursachte noch mehr Schuldgefühle in mir. Ich dachte, ich hätte meine Eltern enttäuscht, meinen Pastor und meine christlichen Freunde. Plötzlich verletzt, wurde mir klar, daß es viel mehr mit den ganzen Bibelversen auf sich hatte, die ich im Kindergottesdienst gelernt hatte, als ich dachte. Römer 8,28 a: »Wir wissen, daß Gott bei denen, die ihn lieben, alles zum Guten führt« — dieser Vers hatte mir immer gute Dienste geleistet, während ich noch auf meinen Füßen stehen konnte. Damals bestanden meine größten Probleme darin, fünfzig Sit-ups beim Sportunterricht zu schaffen oder mit meiner Schwester zu streiten, die wieder einmal ohne zu fragen ein paar Kleider von mir geborgt hatte. Die Härte im Leben bestand darin, lange aufzubleiben, um für eine Mathematikarbeit zu pauken.

Aber würden diese Kindergottesdienst-Verse auch jetzt noch funktionieren, da ich im Rollstuhl sitzen mußte? Darüber war ich mir nicht so sicher. Mein Krankenhausaufenthalt war ein riesiges, plötzliches Stück »Erwachsenwerden« für mich, und das gefiel mir nicht im geringsten.

Aber abends, nachdem alle nach Hause gegangen waren, betete ich: »Gott, wenn ich schon nicht sterben kann, dann zeige mir bitte, wie ich leben soll!« Es war kurz, auf den Punkt gebracht, aber es war ein Gebet, das direkt aus meinem Herzen kam.

Die Dinge veränderten sich zwar nicht über Nacht, aber mit diesem einfachen Gebet begannen sich meine Aussichten zu ändern. Ich verstand, daß »Erwachsenwerden« einfach etwas war, das ich erlernen mußte. Ich mußte lernen, das Unmögliche zu tun — das Leben im Rollstuhl in den Griff zu bekommen.

Es kann sein, daß Sie nicht mehr Kraft haben, als so ein einfaches Gebet zu Gott zu sprechen wie: »Zeige mir, wie ich leben kann.« Aber Gott geht es nicht um viele wohlgeformte Worte. Er kann Sie mit diesem einfachen Herzenswunsch mit auf eine Reise in Gebet und Lobpreis nehmen, die reicher und schöner ist als alles, was Sie sich je als möglich erträumt hätten.

In Psalm 34,18 heißt es: »Schreien die Gerechten, so hört sie der Herr; er entreißt sie all ihren Ängsten.« So ein einfaches Gebet verändert Ihr Leben vielleicht nicht über Nacht, aber Sie können hier und jetzt Gott bitten, Ihnen zu zeigen, wie Sie leben sollen. Beten Sie es, und meinen Sie, was Sie sagen. Und dann beobachten Sie, wie sich Ihr Blickwinkel verändert und Sie Gottes übernatürlicher Kraft begegnen.

Gebet setzt Gott in Bewegung

Es heißt, daß Glaube Berge versetzt, und ist es nicht fantastisch, daß unsere Gebete — seien sie nun groß und beeindruckend oder schwach und kläglich — das Herz Gottes anrühren können, Gottes, der das Universum geschaffen hat? Wenn wir mit Gott gehen wollen, müssen wir uns angewöhnen, mit ihm zu reden, und genau darum geht es in diesem Buch: auf einer geistlichen Reise im Gebet und Lobpreis Gottes Angesicht zu finden.

Gebet setzt Gott in Bewegung, und wenn Gott in Ihrem Leben wirkt, dann wird es spannend! Vor Jahren hätte ich mir nie ausmalen können, daß Gott so in meinem Leben wirken würde, wie er es getan hat. Auch nach meinem Unfall, als ich mich an der Universität von Maryland einschrieb, um Kunst und Englisch zu studieren, war mir nicht bewußt, daß Gott verschiedene Dinge in meinem Leben benutzen würde, um mich nach seinem Willen zu formen. Aber ich spürte, daß Gott mich auf etwas vorbereitete. Gott ist immer noch dabei, mir seinen Plan zu offenbaren, und wir beide befinden uns in diesem Abenteuer gemeinsamen Lebens.

Die Bedeutung des Gebets

Ich bin ein anschauliches Beispiel dafür, wie wichtig ein gesundes Gebetsleben ist. Mein Verstand produziert geniale Ideen, die meine Hände und Füße ausführen sollten, aber das Kommunikationssystem ist zusammengebrochen — meine Hände und Beine können einfach nicht ausführen, was ihnen von meinem Verstand befohlen wird. Die Bibel beschreibt einen Menschen, der diese Verbindung verloren hat, so: »Er hält sich nicht an das Haupt, von dem aus der ganze Leib durch Gelenke und Bänder versorgt und zusammengehalten wird und durch Gottes Wirken wächst« (Kol 2,19).

Auch der Leib aller Gläubigen sollte seine Weisungen von Christus, seinem Haupt, erhalten, genauso wie der einzelne Christ die Kommunikation zu Christus aufrechterhalten sollte. Ohne Verbindung mit unserem Haupt, Jesus Christus, werden wir uneffektiv, und ein geistlicher Muskelschwund setzt ein.

Gebet ist der Angelpunkt dieser Kommunikation. Gebet ist die Ruhepause, in der wir Kraft schöpfen. Es ist die einzige Waffe, die unser Feind, der Teufel, nicht nachahmen oder bekämpfen kann. Gebet wird nicht nach seiner Länge, sondern nach der Tiefe gemessen. Wirkungsvolles Gebet braucht keinen Doktortitel — es braucht nur Ihre Bereitschaft, Gott Ihre Gedanken von Herzen mitzuteilen.

Am Gürtel der Wahrheit festhalten

In diesem Kapitel geht es darum, sich innerlich auf das Beten vorzubereiten. Und wenn es eine Wahrheit über das Gebet gibt, dann diese: Halten Sie sich an die Wahrheit. Halten Sie sich um Ihres Lebens willen an die Wahrheit.

Denken Sie darüber nach. Haben Sie schon einmal an etwas so festgehalten, als hinge Ihr Leben davon ab? Ich habe das schon getan. Als ich vier Jahre alt war, ging ich mit meiner Familie oft zum Reiten. Ich meine damit nicht, daß ich auf irgendeinem kleinen Pony saß, das an der Longe im Kreis herumgeführt wurde. Ich spreche von wilden, übermütigen Ausritten im Galopp bergauf, bergab, durch Wiesen, über Zäune und durch Bäche. Ich spreche von Reiten total.

Mit vier Jahren war ich noch zu klein für ein eigenes Pferd, und ein Pony, das meiner Größe entsprochen hätte, wäre sowieso nicht mit meinem Vater und meinen Schwestern mitgekommen. Also saß ich bei diesen Ausritten immer hinter meinem Vater auf seinem großen Pferd. Ich krallte mich mit meinen kleinen Händen an seinem Gürtel fest, und los ging's! Ich wurde auf dem Sattel hin- und hergeschüttelt, rutschte in die eine, dann in die andere Richtung, aber solange ich mich an seinem Gürtel festhielt, wußte ich, daß ich sicher war.

Als ich kürzlich das sechste Kapitel des Epheserbriefes las, kam mir diese Begebenheit wieder in den Sinn. In dem Abschnitt schreibt Paulus über die Waffenrüstung Gottes. Paulus fordert uns auf, den Panzer der Gerechtigkeit anzulegen, den Helm des Heils aufzusetzen und das Schwert des Geistes zu ergreifen.

In Vers 14 nennt Paulus einen sehr wichtigen Teil der Rüstung: »Seid also standhaft: Gürtet euch mit Wahrheit . . .« Der Gürtel der Wahrheit, besonders im Gebet, ist wie ein Fundament, eine Grundlage. Wenn es irgend etwas gibt, was wir nicht vernachlässigen sollten, dann ist es dieser Gürtel der Wahrheit. Die Bibel sagt, daß wir uns Gott »im Geist und in der Wahrheit« nähern sollen (Joh 4,24). Man könnte es auch so ausdrücken: Nähern Sie sich Gott mit einer von Herzen kommenden Ehrlichkeit.

Wenn es eine Wahrheit zum Thema Gebet gibt, ist es folgende: Halten Sie sich an die Wahrheit. Halten Sie sich daran um Ihres Lebens willen.

Ich habe mich seit meiner Kindheit nicht sehr verändert. Wenn das Leben stürmisch wird und ich mich hin- und hergeworfen fühle, dann weiß ich, daß ich diesen Gürtel habe. Es gibt Wahrheiten über Gott, an denen ich mich festhalten kann. Gott hat alles in der Hand. Er führt mich auf einem gerechten Weg. Nichts kann mir etwas anhaben, was nicht in seinem Plan ist. Er will das Beste für mich. Er hat mich mit allem geistlichen Segen gesegnet. Seine Gnade steht in Fülle zur Verfügung und trägt mich durch. Aus diesen Strängen ist der Gürtel der Wahrheit geflochten, und solange ich mich daran festhalte, werde ich auf meiner geistlichen Reise zu ihm in Sicherheit sein.

Ijobs Geschichte

Ijob hatte den Gürtel der Wahrheit fest im Griff, und seine Geschichte war für mich immer inspirierend. Manche Leute sagen, daß es im Buch Ijob um das Leiden geht. Andere sagen, es sei eine Geschichte über den Glauben oder über die Souveränität Gottes oder über die Beziehung zwischen Gott und dem Teufel, aber für mich war es ein Buch über das Gebet. Sehen Sie sich Ijobs Schreien an:

> »Wüßte ich doch, wie ich ihn finden könnte, gelangen könnte zu seiner Stätte. Ich wollte vor ihm das Recht ausbreiten, meinen Mund mit Beweisen füllen. Wissen möchte ich die Worte, die er mir entgegnet, erfahren, was er zu mir sagt« (Ijob 23,3—5).

Sie kennen Ijobs Geschichte. Er war ein aufrechter und gerechter Mann, der von Gott gesegnet war. Er hatte sieben Söhne und drei Töchter, besaß siebentausend Schafe, dreitausend Kamele, fünfhundert Ochsen, fünfhundert Esel, und er hatte eine große Zahl von Dienern. In der Bibel heißt es: »An Ansehen übertraf dieser Mann alle Bewohner des Ostens« (Ijob 1,3).

Ijob war seinen Kindern ein gottgefälliger Vater, seinen Nachbarn gegenüber demütig, und seinem Haushalt stand er als Priester vor. Aber dann startete Satan einen Angriff gegen ihn.

Ijob fühlte sich, als wäre er zur Zielscheibe eines Pfeilwurfwettbewerbs zwischen Gott und Satan geworden. Sein Besitz wurde entweder zerstört oder gestohlen, seine Familie wurde ermordet. Er bekam Aussatz, und er saß in einem Haufen Asche, in Gesellschaft seiner kritischen Freunde und einer nörgelnden Ehefrau. Er hatte einiges mit Gott zu besprechen.

Ijobs weise Reaktion

Sieben Tage lang waren Ijobs Freunde in stiller Anteilnahme bei ihm, dann begannen sie, ihm Vorwürfe zu machen. »Na los, Ijob«, sagten sie. »Du hast bestimmt irgend etwas Schreckliches verbrochen, und dies ist Gottes Strafe. Nun erzähl uns doch davon.«

Dann betete Ijob. Aber hören Sie auf seine Worte — er betete nicht: »Oh, daß ich doch nur diesen Aussatz loswürde«, oder: »Ach, daß doch meine Kinder zurückkämen«, oder gar: »Wenn mich doch endlich diese Freunde und meine Frau in Ruhe lassen würden!« Ijobs Wunsch war es statt dessen, das Gesicht des Vaters zu sehen und sein Lächeln zu spüren. »Wenn ich nur wüßte, wo ich ihn finden kann!« betete Ijob, »ich würde mein Anliegen vor ihn bringen . . . und anhören, was er dazu zu sagen hat.«

Ein Kind Gottes hat einen vom Himmel geschenkten Instinkt, unter den Flügeln des Allmächtigen Schutz zu suchen. Die Tendenz, uns zu beklagen oder zu bestärken, daß Gott uns etwas schulde, ist menschlich.

Was geschieht, wenn das Leben eines Christen unter Druck gerät? Es kommt das zum Vorschein, was in seinem Inneren ist. Ein Heuchler oder einer, der nur vorgibt, ein Kind Gottes zu sein, wird in Zeiten der Anfechtung zornig und flieht, wenn es schwierig wird. Seine Feigheit und Heuchelei kommen zum Vorschein.

Ein auf sich selbst konzentrierter Christ mag eine Weile murren, aber mit der Zeit kann ihn die Anfechtung, die er erlebt, auf die Knie bringen. Dann kann sein Herz von der Selbstsucht und Bitterkeit gereinigt werden, und er wird besser befähigt, sich Gott zu nahen, wie sich ein Kind seinem Vater naht.

Einige Christen behandeln Gott wie eine Versicherung. In schwierigen Zeiten erwarten sie von ihr, daß sie ihnen einen Scheck ausfüllt, der für das aufkommt, was sie verloren haben. Sie warten darauf, daß Gott die Umstände in ihrem Leben ändert, und bis es soweit ist, entziehen sie sich der Gemeinschaft mit ihm. Der Druck in ihrem Leben bringt ihren Mangel an Unterordnung und ihre sture Haltung zum Vorschein.

Ein Kind Gottes hat einen vom Himmel geschenkten Instinkt, unter den Flügeln des Allmächtigen Schutz zu suchen. Die Tendenz, uns zu beklagen oder zu bestärken, daß Gott uns etwas schulde, ist nicht geistlich.

Der göttliche Instinkt eines Gotteskindes ist es, mit Ijob zu sagen: »Oh, daß ich ihn finden würde.«

Ijob sehnte sich nach Gottes Gegenwart. Gott hatte ihn nicht verlassen, und er hatte seinem Kind auch nicht seinen Schutz entzogen, aber Ijob fühlte sich, als hätte er das Lächeln Gottes verloren: »Oh, wenn ich nur wüßte, wo ich ihn finden kann!«

Haben Sie jemals so reagiert wie Ijob? Sie waren gehorsam. Sie sind nicht in die falsche Richtung davongelaufen. Sie waren nicht selbstsüchtig und haben auch keine Erklärung von Gott gefordert, bevor Sie bereit waren, ihn anzubeten. Aber Sie sehnen sich nach seinem Lächeln. Sie möchten sein Gesicht in den stürmischen Wolken sehen. Ihr Herz schmerzt, wenn Sie rufen: »Oh, daß ich ihn doch nur finde!«

Das war Ijobs Schmerz. Sogar in Verzweiflung und Angst war es Ijobs Herzenswunsch, Gott zu suchen. Er war voll und ganz bereit zu beten. Warum? Weil er die Dinge nicht losließ, die er über Gott wußte und von denen er sicher war, daß sie wahr waren. Er sehnte sich von Herzen nach dem allmächtigen Gott und der Wahrheit seines Wortes.

Dies ist eine Möglichkeit, Ihre geistliche Reise im Gebet und Lobpreis zu beginnen: Haben Sie Verlangen nach Gott, machen Sie ihn zu Ihrem Herzenswunsch.

Gebetshilfe

Gebet ist das, worum es bei der Kommunikation mit Gott geht. Und was ist die Voraussetzung, wenn wir uns ihm im Gebet nähern? Wahrheit. Echtheit. Ernsthaftigkeit. Tiefe Ehrlichkeit. Und bitte seien Sie sich einer Wahrheit über Gott ganz sicher: Wenn Sie ihn in Wahrheit anrufen, hört er! Auf seine große Liebe können Sie nur auf eine Art und Weise reagieren. Übrigens: Warum machen Sie die folgenden Worte nicht gleich hier und jetzt zu Ihrem Gebet?

Herr, wenn ich jetzt völlig ehrlich zu dir bin, dann muß ich zugeben, daß ich oft weggerannt bin, wenn Anfechtungen in meinem Leben mich in die Enge getrieben haben. Manchmal war ich ein erstklassiger Heuchler. Aber jetzt möchte ich dich finden; ich will dein Lächeln spüren. Hilf mir, dies zu meinem Herzenswunsch zu machen, in Jesu Namen.

Sie haben sich auf den Weg gemacht. Ihr Herz ist bereit, Gott im Gebet zu suchen.

Zur Gruppendiskussion

1. Was bedeutet es, Gott von ganzem Herzen und ganzer Seele zu suchen? Wie würden Sie dies einem Neubekehrten erklären?
2. Wie bereiten Sie Ihr Herz normalerweise auf das Beten vor? Was würden Sie jemandem sagen, der wissen möchte, wie er sich zum Beten bereitmachen kann?
3. Wann ist es schwierig für Sie, völlig ehrlich zu beten? Was würde Ihnen helfen, Gott gegenüber ehrlicher zu sein?

24

4. Was bewundern Sie an Ijobs Reaktion in seiner Krise? Was könnten Sie tun, Ihr Gebet dem seinen ähnlicher werden zu lassen?
5. Welche Barrieren, Begebenheiten, Gefühle oder Umstände halten Sie davon ab, sich zum Beten vorzubereiten? Was können Sie tun, um diese Hindernisse zu überwinden?
6. Inwieweit war Ihr bisheriger Lebensweg von Gebet geprägt? Was würden Sie gerne in bezug auf Ihr Gebet verbessern?

Kapitel 2

Wie Sie Schutz im Sturm suchen

*»Wer im Schutz des Höchsten wohnt und ruht im Schatten
des Allmächtigen, der sagt zum Herrn: Du bist für mich Zuflucht
und Burg, mein Gott, dem ich vertraue.«*

Psalm 91,1—2

Ich habe Ihnen ja schon erzählt, daß ich als Kind sehr gerne ritt. Als
ich endlich groß genug war, ein eigenes Pferd zu reiten, *mußte* ich
einfach mit meinen älteren Schwestern und ihren großen Pferden
mithalten. Mein Problem war nur, daß mein Pony halb so groß war
wie ihre Pferde, also mußte ich doppelt so schnell galoppieren, um
Schritt zu halten.

Das machte mir nichts aus, es war eher eine willkommene Herausforderung für mich — bis wir an einen Fluß kamen. Meinen
Schwestern machte es besonderen Spaß, loszustürmen und den Fluß
an seiner tiefsten Stelle zu durchqueren. Auf ihren großen Pferden
war das auch ein großes Vergnügen. Aber sie schienen nie bemerkt
zu haben, daß mein Pony und ich viel kleiner waren und daß wir
viel tiefer im tosenden Wasser versanken. Ich hatte Angst, aber das
wollte ich mir nicht anmerken lassen.

Eine Flußdurchquerung werde ich nie vergessen. Es war am
Gorsuch Switch am Patapsco River. Der Regen, der zu Beginn der
Woche gefallen war, hatte den Fluß bis an den obersten Rand des
Ufers anschwellen lassen. Während unsere Pferde in Richtung der
Flußmitte wateten, starrte ich auf die rauschenden Wassermassen,

die die wackligen Beine meines Ponys umspülten. Ich war wie hypnotisiert von dem sich drehenden Wasser, so daß mir ganz schwindlig wurde. In meiner großen Angst verlor ich mein Gleichgewicht und begann vom Sattel zu rutschen.

Meine Schwester Jay rief mir nach hinten zu: »Schau nach oben, Joni — schau immer nach oben!« Und sobald ich meine Augen vom Wasser abwandte und meinen Blick auf meine Schwester heftete, gewann ich mein Gleichgewicht wieder. Wohlbehalten erreichte ich das andere Ufer.

Diese Begebenheit kam mir kürzlich in den Sinn, als ich in Matthäus 14 von Petrus las. Scheinbar hatte Petrus das gleiche Problem, als er auf dem Wasser auf Jesus zuging. Er schaute hinunter auf die tosenden Wellen, ihm wurde schwindlig, und er verlor sein Gleichgewicht. Weil er seine Augen vom Herrn abwandte, begann er zu sinken.

Wir sind Petrus so ähnlich! Anstatt unseren Blick auf das Wort Gottes zu heften, lassen wir es oft zu, daß Umstände uns gefangennehmen, uns so weit in ihren Bann ziehen, daß wir unsere geistliche Herrschaft einbüßen. Uns wird schwindlig vor Angst und Sorge. Bevor wir uns dessen bewußt sind, haben wir unser Gleichgewicht verloren.

Ich bin sicher, daß es in Ihrem Leben Zeiten gegeben hat, in denen Sie Ihr Gleichgewicht im Gebet verloren haben. Sie geben sich Mühe, Ihre Ängste Jesus zu Füßen zu legen, aber Sie merken, wie schnell Sie abgelenkt sind, beschäftigt gerade mit den Sorgen, über die Sie beten wollen.

Trifft diese Beschreibung auf Sie zu? Sie verspüren eine gewisse Panik? Sie wissen nicht, was Sie tun sollen, wenn Ihre Kinder krank werden? Sie scheinen sich nicht auf ein Leben ohne Räder einstellen zu können, solange Ihr Auto in der Werkstatt ist? Stimmt die Buchhaltung in diesem Monat einfach nicht? Vielleicht hat Ihr Teenager gestern ein paar neue »Freunde« mit nach Hause gebracht, und Sie fragen sich besorgt, was für eine Art Freunde sie tatsächlich sind.

Es ist so einfach, in Panik zu geraten, nicht wahr? Zugegeben — es fällt schwer, nach oben zu schauen, besonders wenn Sie das Gefühl haben, gerade unterzugehen.

Aber ich schaffte es durch den Fluß, und Petrus schaffte es zurück zum Boot. Tausende Menschen vor Ihnen haben es geschafft, indem sie ihren Blick auf Jesus richteten. Wie steht es mit Ihnen?

Wenn Sie keinen Ausweg finden, versuchen Sie, nach oben zu schauen. Schauen Sie auf im Gebet! Und was sehen Sie? Jesus. Heften Sie Ihren Blick auf Jesus.

Es kann sein, daß Sie Ihre Aufmerksamkeit neu ausrichten müssen, daß Sie Ihre Augen von den wirbelnden Umständen, die Sie zu überwältigen drohen, losreißen müssen. Aber wenn Sie Ihren Blick auf den Herrn festigen, werden Sie Ihr Gleichgewicht wiedergewinnen.

Wir sind Petrus so ähnlich!
Anstatt unseren Blick auf das Wort Gottes zu heften,
lassen wir es oft zu, daß Umstände uns gefangennehmen und
uns so weit in ihren Bann ziehen, bis wir das
geistliche Gleichgewicht verlieren.

Wenn wir uns klein und unbedeutend fühlen

Ich kann hören, wie Sie sagen: »Joni, das klingt ja gut und schön, aber Sie kennen meine Situation nicht. Gott mag zwar groß sein, aber meine Probleme sind riesig. Ich versuche zu beten, aber ich fühle mich so klein.«

Vor einigen Jahren habe ich mich genauso gefühlt. Ken und ich hatten ein paar Urlaubstage in den Bergen zwischen unsere vielen Termine quetschen können. Wir schlugen unser Zelt unter ein paar riesigen Mammutbäumen in der Nähe eines Gebirgsbaches auf, der immer noch Hochwasser von der Schneeschmelze hatte. Es war atemberaubend. Die klare, kalte Morgenluft ließ die Bergforellen, die über unserem Lagerfeuer brutzelten, noch intensiver duften.

Ken und ich starten keine besonderen Aktionen, wenn wir zelten gehen. Ich mag es simpel — ein Flanellhemd, staubige Jeans, kein Make-up und ein Tuch über dem schmutzigen Haar. So ist es fantastisch!

An einem Morgen mieteten wir ein Boot auf einem von Forellen wimmelnden See. Der Anblick der Gletscherspitzen und der schroffen Felsen, die den See umrahmten, nahm uns den Atem. Während wir in unserem kleinen Ruderboot umhertrieben, umgeben von wunderbaren Berggipfeln, tiefblauem Wasser und einer frischen Brise, fühlte ich mich sehr klein.

Wir trieben durch die morgendliche Stille, und ich mußte an Ijob denken. Er hatte sein Anliegen vor Gott gebracht, und es war an der Zeit, daß Gott ihm eine Antwort gab. Ijob fühlte sich sicher winzig klein, als der allmächtige Gott die Berge und Seen überquerte, um ihn zur Rede zu stellen.

Gott fragte ihn:»Wo warst du, als ich die Erde gegründet? . . . Wer setzte ihre Maße . . . Wer hat ihren Eckstein gesetzt — als alle Morgensterne jauchzten, als jubelten alle Gottessöhne?« (Ijob 38,4—7).

Beim Anblick der schneebedeckten Berge über mir dachte ich darüber nach, wie Gott Ijob fragte, durch wessen Macht Eis und Schnee geschaffen worden waren. Dann fragte Gott:»Fliegt auf dein Geheiß der Adler so hoch und baut seinen Horst in der Höhe?« (Ijob 39,27). Dieser Vers kam mir in den Sinn, als ich beobachtete, wie ein Adler sein Nest in den Felsen verließ und über dem See kreiste, um einen Fisch zu fangen.

Ja, die Berge, der Schnee, die Falken und Adler, die Wolken und der Wind — alles läßt uns uns so winzig fühlen, fast unbedeutend — ähnlich, wie Ijob sich vorgekommen sein muß.

Aber die Geschichte hat noch eine andere Seite. So wunderbar die Berge auch sind, die stolzen Adler, die uralten Gletscher, Wolken und Wind — bin ich doch nicht so klein, als daß Gott, der große Schöpfer, sich nicht selbst all seiner göttlichen Macht entkleidet und gedemütigt hätte, um mir zu dienen.

In Philipper 2,7 heißt es:»Er entäußerte sich und wurde wie ein Sklave und den Menschen gleich. Sein Leben war das eines Menschen.« Jesus wurde »klein«, damit ich in ihm »groß« sein kann.

Sicher, Ihr Leben wurde von überwältigenden Realitäten überschattet. Ja, es gab Zeiten, in denen Sie wie Ijob klagten und dachten, Sie seien so klein — einfach ein Nichts. Kein Wunder, daß Sie Probleme mit dem Beten hatten. Bitte geben Sie nicht auf. Lassen Sie sich nicht überwältigen. Erkennen Sie, daß derselbe Gott, der über Ihnen und um Sie ist, sich demütigte und Mensch wurde. Er, der durch sein Wort das High Sierra-Gebirge schuf, flüstert Ihnen zu . . . im Gebet. Er formte die mächtigen Berge, und er hatte ebenfalls seine Hand im Spiel, als sich Ihre Sie überwältigenden Umstände entwickelten. Und er ist bereit, mit Ihnen im Gebet darüber zu reden.

Wenn es sein muß, fühlen Sie sich klein und unbedeutend, aber glauben Sie mir: In seinen Augen sind Sie nicht klein.

Gott ist ein immerwährender Zufluchtsort

Manchmal bin ich sogar erleichtert und glücklich, daß ich mich neben Gott klein fühle. Denn wenn Sie sich klein fühlen, möchten Sie irgendwohin laufen, zu jemandem, der groß ist. Sie fühlen sich in Sicherheit an einem Felsen, in einer Festung, auf einer Burg. Im Gebet können Sie sich sicher fühlen, denn Gott ist dieser Zufluchtsort für Sie.

Ich weiß etwas über Festungen. Ich erinnere mich gerne daran, wie meine Schwester Kathy und ich als Kinder auf einem Bauernhof ein Baumhaus bauten. Unsere kleine Festung lag etwas abseits vom Haus, so daß wir von den Erwachsenen entfernt waren und eine private Atmosphäre hatten. Wir schufteten ziemlich, das Holz zu sägen, Nägel zu stibitzen und mit einem geliehenen Hammer unser stabiles Baumhaus fertigzustellen.

In meinen kindlichen Augen war dieses Baumhaus eine Festung. Nicht nur ein Schutz oder ein Versteck, sondern ein sicheres Haus, das uns vor dem Regen schützte, der auf das Blechdach trommelte, und vor dem Wind, der die Äste bog. Wir waren in Sicherheit. Wir fühlten uns geborgen.

Wäre es nicht schön, auch heutzutage auf leichte Weise dieses Gefühl der Sicherheit und Geborgenheit zu finden? In unserer Erwachsenenwelt gibt es nicht viele »Baumhäuser«, in denen wir uns sicher fühlen. Aber es gibt einen solchen Ort, und er übertrifft alles, was ein selbstgemachter, zerbrechlicher Zufluchtsort bieten kann.

In der Bibel heißt es:

> »Ich will dich rühmen, Herr, meine Stärke, Herr, du mein Fels, meine Burg, mein Retter, mein Gott, meine Feste, in der ich mich berge, mein Schild und sicheres Heil, meine Zuflucht« (Psalm 18,2—3).

So sagen wir voll Vertrauen: »Der Herr ist mein Helfer, ich fürchte mich nicht. Was können Menschen mir antun?« (Hebr 13,6).

In Gott finden wir wesentlich mehr Sicherheit und Geborgenheit als in selbstgebauten Schutzhütten. Jenes kleine Baumhaus vermittelte mir ein neues Verständnis von den Worten Zuflucht oder Festung. Nun, da ich erwachsen bin, habe ich mein kindliches Handeln abgelegt und gehe an einen Ort, zu einer Person, die der ewige Fels, die Festung, die Burg, ein Schild und sicheres Heil ist. Wenn die Stürme des Lebens hereinbrechen, dann klettern Sie im Gebet hinauf in seine Liebe.

Im Schatten eines mächtigen Felsens

Wenn ich bete, stelle ich mir gerne vor, wie ich mich, klein und unbedeutend, in den tröstenden Schatten des allmächtigen Gottes kuschele, als wäre er tatsächlich eine richtige Festung über mir. So beschützt und geborgen kann ich leichter beten.

Schatten haben eine ähnliche Wirkung. Man spürt die Kühle und die Ruhe, wenn man im Schatten sitzt — besonders an heißen, schwülen Tagen. Es ist wie an einem heißen Tag am Strand. Da kann der Sonnenschirm das wichtigste Utensil sein, das Sie einpacken. Oder Sie sitzen gedrängt in einem heißen, stickigen Stadion. Da dient das Baseball-Programmheft als praktischer Sonnenschutz für Ihren Kopf. Oder wenn sich der Weg von Ihrem Auto bis zum Einkaufszentrum zu einer Asphaltwüste auswächst — dann ist ein breitkrempiger Hut genau das, was Sie brauchen.

Nichts wirkt so kühlend und erfrischend wie ein Schatten, wenn wir Hitze spüren. Entsprechend gibt es nichts Erfrischenderes und Tröstenderes als den Schatten der Gegenwart Gottes.

Mir gefällt, wie der Psalmist diese Erfahrung beschreibt:

»Gott, du mein Gott, dich suche ich, meine Seele dürstet nach dir. Nach dir schmachtet mein Leib wie dürres, lechzendes Land ohne Wasser . . . Ja, du wurdest meine Hilfe; jubeln kann ich im Schatten deiner Flügel« (Psalm 63,2.8).

Wenn ich bete, stelle ich mir gerne vor,
wie ich mich in den tröstenden Schatten des allmächtigen
Gottes kuschele, als wäre er tatsächlich eine
richtige Festung über mir.

Gebetshilfe

Erinnern Sie sich jetzt einfach an das letzte Mal, als Sie an einem heißen Tag Schutz im Schatten fanden. Wissen Sie noch, wie geborgen und ruhig Sie sich vor der kräftezehrenden Sonne fühlten? Listen Sie in Gedanken Ihre Gefühle auf: unbelastet; erleichtert; getröstet.

Genauso können Sie sich im schützenden Schatten des allmächtigen Gottes fühlen. Ausgeruht. Unbelastet. Sicher. In Gottes Schatten können Sie aufatmen.

Nehmen Sie sich einen Moment Zeit, um im Gebet vor Gott zu kommen und sich vorzustellen, wie Sie in seinem Schatten sitzen. Stellen Sie sich vor, wie Sie in einer Spalte des göttlichen Felsens einen sicheren Platz finden. Nun heften Sie Ihren Blick auf Jesus und bringen Sie ihm Ihre Probleme, jene Sie überwältigenden Umstände, die Sie ablenken. Packen Sie Ihre Sorgen in Worte, listen Sie sie eine nach der anderen auf und legen Sie sie in seinem Schatten ab.

Und dann genießen Sie das Gefühl des Unbelastetseins in seinem Schatten. Beenden Sie Ihr Gebet mit dem Psalmisten: »Du bist für mich Zuflucht und Burg, mein Gott, dem ich vertraue« (Ps 91,2).

Zur Gruppendiskussion

1. Was vermittelte Ihnen damals, was heute Sicherheit?
2. Welche zukünftigen Krisen könnten Ihre Sicherheit untergraben und Sie zu Panik veranlassen?

3. Wie kann Gebet dazu beitragen, daß Sie sich sicher und geborgen fühlen?
4. Wann möchten Sie lieber einen starken Helfer in der Not bei sich haben?
5. Wann brauchen Sie einen Zufluchtsort, einen Ort, der Ihnen Schutz bietet und an dem Sie sich sicher fühlen?
6. Auf welche Weise ist Gott Ihre Zuflucht? Wie bringt das Gebet Sie in Gottes Festung?

Kapitel 3

Wie Sie Gott mit der nötigen Sorgfalt und Ehrerbietung suchen

*Wenn unsere Gebete irgendeine Bedeutung für Gott haben sollen,
müssen sie uns etwas bedeuten.*

Maltbie D. Babcock

In Hebräer 13,9 heißt es: »Es ist gut, das Herz durch Gnade zu stärken.« Anders gesagt: Wir sind stark, wenn wir Gottes Gnade haben. Gottes Gnade tut unseren Herzen wohl.

Aber was ist Gnade? Manche Theologen haben gesagt, Gnade bedeute *Gottes Reichtum auf Christi Kosten.* Einige Kommentare beschreiben Gnade als Gottes unverdientes Wohlwollen. Andere sagen, Gnade sei das Mittel, durch das Gott uns den Wunsch und die Kraft gibt, seinen Willen zu tun. Das alles sind menschlich gesehen die besten Erklärungsversuche für etwas, das wir fast gar nicht verstehen können — Gottes Gnade.

Also, wie empfangen wir Gnade? Wie schenkt Gott Gnade?

Es ist gut zu wissen, daß Gnade ein Geschenk ist. Aber wir müssen einige Dinge bedenken, wenn wir diese Gnade in Anspruch nehmen. Erstens: Gott will, daß wir in einer demütigen Haltung um seine Gnade bitten. In der Bibel heißt es: »Gott tritt den Stolzen entgegen, aber den Demütigen schenkt er seine Gnade« (Jak 4,6).

Wir müssen uns dessen bewußt sein. Mancher schlendert unbedacht vor Gottes Thron, als wäre dort ein netter alter Opa im Himmel, der seine Gnade verteilt wie Schokoladenkekse. Sie verstehen — diese »Fragen-und-es-gehört-mir«-Einstellung. Als welch eine verwöhnte Bande müssen wir erscheinen, wenn wir mit dieser »Gib mir«-Haltung bitten!

Sich einem ehrfurchtgebietenden Gott nähern

Wie sollen wir uns also dann Gott im Gebet nähern?

Es gibt ein bekanntes Lied, in dem es heißt: »Unser Gott ist ehrfurchtgebietend.« Unser Gott ist »ehrfurchtgebietend« in dem Sinne, daß er die Macht hat, ein Gefühl der Furcht und demütiger Ehrerbietung zu vermitteln. Wir sollten uns auf gesunde Art fürchten, wenn wir vor den heiligen Gott treten; wir sollen Bewunderung und Ehrfurcht empfinden.

Ijob kannte die Macht seines Gottes. Bevor er in seine Gegenwart kam, plante er sorgfältig, wie er sein Anliegen vor ihn bringen würde: »Wüßte ich doch, wie ich ihn finden könnte, ... ich wollte vor ihm das Recht ausbreiten, meinen Mund mit Beweisen füllen« (Ijob 23,3—4). Er hatte nicht die Absicht, auf sorglose oder anklagende Art vor Gott zu treten. Er begriff die Bedeutung von Gebet und die Macht dessen, der auf dem Thron saß.

Heutzutage herrscht weithin die Meinung, Gebet sei eine einfache Angelegenheit. Zu viele von uns beten nachlässig und unbedacht. Wir haben »gewohnheitsmäßige« Gebete, die wir vor dem Zubettgehen und vor den Mahlzeiten vor uns hinmurmeln, kleine Sätze wie »Gott, segne uns alle und danke für das Essen und den guten Tag, und vergib uns, weil wir wieder gesündigt haben.« Wir schlendern zum Thron Gottes und murmeln gähnend los, was uns gerade in den Sinn kommt. Auf lässige Art und Weise äußern wir unsere Bitten, unseren Dank, unsere Fürbitten — ohne überhaupt viel nachzudenken, bevor wir unseren Mund öffnen.

So zu handeln ist gefährlich, denn das, was wir vor dem Gnadenthron Gottes aussprechen, soll ja gehört werden.

Als Geheiligte sollen wir
gerne vor den heiligen Gott treten.

Gott hat mein Gebet beantwortet

Ich war vierzehn, als ich bei einer Wochenendfreizeit von Young Life mein Leben Christus übergab. Aber sofort schob ich Gott gedanklich in eine Ecke, steckte ihn in eine Schachtel mit der Aufschrift »Im Notfall zu öffnen«. Ich ging zu Gott, als wäre er eine Art geistlicher Verkaufsautomat, in den ich groschenweise meine Gebete einwarf und dann verschiedene Päckchen zog. Ich wußte nicht, ob meine Bitten geistlich oder fleischlich waren. Ich ging einfach lässig zu Gottes Gnadenthron und lud meine Anliegen ab.

Diese Haltung brachte mich in Schwierigkeiten. Ich empfand Entmutigung und Verzweiflung in meinem Wandel mit Jesus. Ich erlebte keinen Sieg über die Sünde. Ich war verzweifelt, meine Gebete wurden immer egozentrischer: »Herr, hilf mir, fünfzehn Pfund abzunehmen, jetzt, da ich dein Kind bin«, oder »Herr, hilf mir, die Hausaufgaben heute abend zu schaffen, und hilf, daß sie nicht so langweilig sind«, oder »Herr, ich mag den Kapitän der Football-Mannschaft wirklich gern. Kannst du mir eine Verabredung mit ihm arrangieren?«

Eines Freitag abends war ich mit niemandem verabredet, und ich war besonders frustriert. Ich hatte einen neuen Pickel auf meinem Kinn. Ich fühlte mich zu dick und häßlich. Ich warf mich auf mein Bett und heulte. Ich preßte meine Bibel an meine Brust und sagte: »Oh Gott, tu etwas in meinem Leben, es ist mir egal, was passiert, aber ich will nicht unglücklich sein!«

Ich betete dieses Gebet, ohne zu ahnen, wie Gott es beantworten wollte. Ich dachte, er würde mich mit einem Seelsorger im Sommercamp bekannt machen, der mir helfen würde, mein Leben auszusortieren. Vielleicht würde ich einen starken christlichen jungen Mann treffen, der mir zu einem tieferen Verständnis von Gottes Wort verhelfen könnte. Oder vielleicht würde sich die Möglichkeit ergeben, im Herbst eine richtig gute Gemeinschaft im College zu finden. Vielleicht wollte Gott eine Missionarin aus mir machen. Oder ich würde zur Bibelschule gehen.

In meiner Vorstellung waren all diese Möglichkeiten durchaus vernünftige Antworten auf meine Bitte, Gott näherzukommen. Immerhin hatten einige Freunde um eine tiefere Beziehung zu Jesus gebetet, und der Herr hatte ebensolche Dinge in ihrem Leben getan. Ich versuchte, mich zu orientieren, welche Richtung mein Leben in diesem letzten Jahr am College nehmen sollte.

Mein Leben nahm *tatsächlich* eine andere Richtung, aber auf die Überraschung — nein, eher auf den Schock —, der mich erwartete, hätte ich mich in keinster Weise vorbereiten können.

Sehen Sie, Gott nahm mein Gebet ernst. Etwa einen Monat später tauchte ich übermütig an einer flachen Stelle im See. Als ich auf den Grund aufschlug und mein Genick brach, blitzte auf unheimliche Art mein Leben vor meinem inneren Auge auf.

Ich bekenne allerdings, daß ich Wochen später, als ich auf dem Streckrahmen im Krankenhaus lag, mit einem Leben im Rollstuhl vor mir, ohne daß ich meine Hände und Füße gebrauchen konnte, wütend sagte:»Großer Gott, ist das deine Vorstellung von Gebetserhörungen? Glaub mir, ich werde dir nie wieder im Gebet vertrauen!«

Gebetshaltung

Obwohl ich es damals nicht als legitime Gebetserhörung bezeichnet hätte, sehe ich heute, daß es so war. Ich kann es nicht leugnen: Seit meinem Unfall hat Gott mich näher zu sich gezogen. Mein Rollstuhl, ob ich ihn nun mag oder nicht, zwingt mich, in seinem Wort zu forschen. Das geschah nicht durch eine Bibelschule oder ein Sommerlager. Es geschah durch monatelanges Kämpfen auf einem Streckrahmen im Krankenhaus. Wie Sie sehen, ist Gebet eine ernste Angelegenheit. Wenn wir vor Gottes Gnadenthron treten, müssen wir vorsichtig sein und eine heilige Sorgfalt walten lassen . . . eine bewußte Frömmigkeit. Wenn Sie der Meinung sind, ein solch geschärftes Bewußtsein in bezug auf das Gebet sei unnötig, dann möchte ich Sie mit folgendem Beispiel konfrontieren.

Nehmen Sie einmal an, ein Mann erhält einen Strafzettel, der seiner Meinung nach ungerechtfertigt ist. Er folgt den Anweisungen, wie er dagegen Einspruch erheben kann, und verläßt mitten am Tag seine Arbeit, um den anberaumten Gerichtstermin wahrzunehmen. Dummerweise allerdings hat er seine Arbeitskleidung noch an — ein legeres, kurzärmeliges Hemd und Jeans. Er betrachtet die ganze Angelegenheit als Zeitverschwendung und als einen Haufen Ärger.

Seine Haltung ist bei Gericht offensichtlich. Noch bevor die Verhandlung anfängt, schlendert er zum Pult des Richters, stützt sich auf seine Ellbogen und sagt kaugummikauend zum Richter: »Also, hören Sie mal, Sie sind doch ein netter Bursche und müssen verstehen, daß diese ganze Angelegenheit stinkt.«

Der Richter schaut sich den Strafzettel an, wirft einen Blick auf den gut gekleideten Polizisten an der Seite und blickt dann den Bittsteller an. »Die Verhandlung ist eröffnet«, bestimmt der Richter kurz.

Der Mann, der Einspruch erhoben hat, begeht den Fehler, seine Augen zu verdrehen. »Junger Mann, möchten Sie vielleicht bei Gericht festgehalten werden?« fragt der Richter in befehlendem Ton.

Der Mann versteht und verkündet mit gedämpfter Stimme, daß er immer noch Einspruch gegen den Strafzettel erheben möchte.

Bei seinem nächsten Gerichtstermin erscheint der Mann in seinem besten Anzug. Er bemüht sich ernstlich, seriös und verantwortungsbewußt zu erscheinen, er legt die Fakten dar und schildert sorgfältig die Geschichte aus seiner Sicht. Der Richter erkennt seinen Gesichtspunkt an, und der Gerechtigkeit wird Genüge getan.

Wenn Sie als Zeuge oder gar als Verteidiger vor Gericht geladen wären, würden Sie sich dann Zeit zum Nachdenken nehmen, bevor Sie reden? Natürlich. Keiner geht vor Gericht mit der Vorstellung, er könne aus dem Stegreif in kürzester Zeit seinen Fall vorbringen.

Ein weiser Antragsteller kommt gut vorbereitet in den Gerichtssaal. Er würde es nicht wagen, einfach loszureden. Er würde nie seine Füße aufs Geländer legen, auf seinem Stuhl kippeln, die Hände hinter dem Kopf verschränken, gähnen oder einfach losplappern, was ihm gerade in den Sinn kommt. Nein, er würde seinen Fall sorgfältig vorbereiten oder einen Rechtsanwalt damit beauftragen.

Warum beten wir dann oft so unbedacht, so nachlässig? Werfen Sie einen Blick auf das Alte Testament. Die Priester, die vor Gott traten, hatten eine Haltung von heiliger Sorgfalt. Als sie für das Volk Opfer darbrachten, begaben sie sich nicht voreilig und unvorbereitet in Gottes Gegenwart. Die Priester töteten den Bullen, wuschen dann ihre Füße, zogen bestimmte Gewänder an, gingen zum Altar, brachten den sauber zerteilten Bullen, gossen das Blut auf eine bestimmte Stelle und zündeten das Feuer nach ganz bestimmten Regeln an, und zwar mit einem Streichholz einer bestimmten Art.

Warum gab es bei den Opfern so viele Details zu beachten? Die Wahrheit, die dem zugrunde lag, war ganz simpel: Denken Sie nach, bevor Sie beten.

Wenn wir Gott als Gott anerkennen, dann »fordern« wir nicht. »Bringt in jeder Lage betend und flehend eure Bitten mit Dank vor Gott« (Phil 4,6). Wenn wir nach diesen Worten des Paulus handeln, können wir den König der Könige und Herrn der Herren nicht verfehlen.

Ja, es gibt viele, die einfach Dinge äußern und fordern, die fordern und empfangen. Aber ehrlich gesagt — wenn ich mir meinen Rollstuhl anschaue, dann werde ich auf nicht gerade sanfte Art daran erinnert, daß Gott jedes Wort ernst nimmt, das wir vor seinem Gnadenthron aussprechen. Deshalb stellen weise Menschen ihrem Gebet eine Einstellung des »Dein Wille geschehe« voran.

Im Hebräer 4,16 finden wir einen guten Ratschlag: »Laßt uns also voll Zuversicht hingehen zum Thron der Gnade, damit wir Erbarmen und Gnade finden und so Hilfe erlangen zur rechten Zeit« (Hebr 4,16). Unterstreichen Sie doch diesen Vers in Ihrer Bibel. Er beschreibt die Haltung, mit der wir im Gebet vor Gottes Thron treten sollen. Beachten Sie die Anordnung der Worte: Zuerst empfangen wir Erbarmen, dann finden wir Gnade. Das ist maßgebend für unsere Haltung im Gebet.

Vielleicht treten wir vor Gott und suchen seine Gnade, haben unseren Blick aber nur auf unsere Probleme gerichtet. Dabei müssen wir uns zuerst unserem gewaltigen Gott nähern, um Erbarmen zu empfangen. Bevor wir Antworten auf unsere Anliegen, Bitten oder Wünsche erhalten, müssen wir uns demütigen, damit wir sein Wohlwollen erlangen. Um diese Haltung müssen wir uns bemühen.

Gebetshilfe

Charles Spurgeon sagte: »Wer ohne Leidenschaft betet, der betet überhaupt nicht. Wir können nicht mit Gott, der ein verzehrendes

Feuer ist, kommunizieren, wenn unsere Gebete kein Feuer enthalten.«

Wer von uns hätte nicht gern Gebete voll Feuer? Sie können es haben, wenn Sie im Geist vor Gott treten. Sie werden sein Erbarmen empfangen.

Stellen Sie sich jetzt einfach vor, wie Sie sich im Thronsaal Gottes befinden. Stellen Sie sich die Umgebung vor — die hohen Wände, die Tapeten, den Thron, die vielen tausend Engel, die Gott anbeten. Setzen Sie sich selbst ins Bild, wie Sie mit Ihrem Lobpreis und Ihren Bitten vor den allmächtigen Gott treten. Knien Sie in Ihrem Herzen vor ihm nieder. Bringen Sie Ihre Gedanken zur Ruhe und konzentrieren Sie sich.

Zur Gruppendiskussion

1. In welcher Hinsicht reagieren Christen manchmal wie verwöhnte Kinder, wenn sie beten?
2. Geben Sie einige Beispiele für unbedachte, gewohnheitsmäßige Gebete. Wie und wo sind wir in unserer Beziehung mit Gott unecht?
3. Was bedeutet es, eine Furcht vor Gott zu empfinden? Warum ist Gebet eine geistliche Selbstverständlichkeit?
4. Wie haben sich Ihre Gebete im Laufe Ihres Wachstums im Glauben verändert?
5. Wie können Sie voll Vertrauen und gleichzeitig voll Ehrerbietung vor Gott treten?
6. Kann der Heilige Geist helfen, in Ehrerbietung zu beten?

Kapitel 4

Wie Sie Gott aus »Staub und Asche suchen können«

Je mehr wir beten, desto mehr wollen wir beten.
Je mehr wir beten, desto mehr können wir beten. Je mehr wir beten,
desto mehr sollen wir beten. Der, der wenig betet,
wird weniger beten, aber der, der viel betet, wird mehr beten.
Und der, der mehr betet, wird noch viel mehr beten wollen.

Charles Haddon Spurgeon

Manchmal habe ich mit dem Beten Probleme. Vielleicht war ich ungehorsam oder nachlässig beim Bibellesen. Andere Male versuche ich zu beten, während meine Wut über einen Streit mit Ken noch nicht verraucht ist. Es gibt Momente, in denen ich mich einfach durcheinander oder leer fühle.

Dann werde ich gewahr, daß ein Teil der Antwort im Gebet liegt, also beginne ich, mit Gott zu reden. Meine Gedanken fangen an, mit mir zu spielen, sagen Dinge wie: *Na los, Gott will ein bißchen Buße sehen, bevor er dir aus der Patsche hilft. Du mußt dich emotional mehr engagieren, sonst denkt Gott, du meinst es nicht ernst . . . Gott ist dein Gemecker und dein Kämpfen auf deinem Weg als Christ wahrscheinlich so müde, daß er sich sowieso schon von dir abgewandt hat. Und was ist mit deiner Sünde da? Er wird dir nicht so einfach im Handumdrehen vergeben. So funktioniert das einfach nicht!*

Klingt das bekannt? Nun, wenn Sie lange genug bei solchen Gedanken verweilen, werden Sie das Handtuch werfen und aufhören zu beten, noch entmutigter, als Sie es waren, bevor Sie anfingen.

Wenn mich solche Anklagen sticheln, dann rufe ich mir mit aller Macht zwei Verse aus Jesaja in Erinnerung. Der erste ist: »Darum wartet der Herr darauf, euch seine Gnade zu zeigen, darum erhebt er sich, um euch sein Erbarmen zu schenken. Denn der Herr ist ein Gott des Rechtes; wohl denen, die auf ihn warten« (Jes 30,18).

Das ist mein Lieblingsvers, wenn ich mich im Gebet mutlos fühle. Er erinnert mich daran, daß Gott gerecht ist und daß er gleichzeitig seine Güte und sein Erbarmen zeigen will. Das ist wunderbar tröstlich.

Dann der Vers in Jesaja 45,19: »Ich habe nicht im Verborgenen geredet, irgendwo in einem finsteren Land. Ich habe nicht zum Geschlecht Jakobs gesagt: Such mich im leeren Raum! Ich bin der Herr, der die Wahrheit spricht und der verkündet, was recht ist.«

Wenn wir ehrlich sein Erbarmen suchen, dann ist Gott bereit, sich finden zu lassen. Wenn wir ihn suchen, dann verspricht er, daß unser Bemühen nicht umsonst sein wird. Wenn wir Gnade wünschen, dann sehnt er sich danach, sie uns zu geben. Wenn wir Trost wollen, dann macht er sich auf, uns seine Barmherzigkeit zu zeigen.

Meine ersten Schritte
bei meiner Suche nach Gottes Angesicht

Oft werde ich gefragt: »Joni, was hat dir am meisten geholfen, geistlich auf die Füße zu kommen, als du im Krankenhaus warst? Welche Bibelstellen hast du gehört? Was hat dich auf deiner geistlichen Reise in Bewegung gesetzt?«

Meine geistliche Reise ist ein Geheimnis und es gibt ein Erlebnis, das tatsächlich sehr bedeutsam für mich war.

Sehen Sie, lange, lange Zeit wollte ich Gott zwingen, mir zu zeigen, *warum* ich meinen Unfall hatte. Ich trat gegen die Türen des Himmels, forderte eine Antwort auf mein Gebet, eine Begründung für mein schreckliches Schicksal. Ich war stur, fast aggressiv gegenüber Gott. Alles Feilschen konnte meine Ängste nicht beruhigen, wenn ich nachts allein war. Ich fürchtete mich und war sehr durcheinander.

Wenn wir wirklich Erbarmen begehren,
dann ist Gott bereit, sich finden zu lassen. Im Gebet
werden keine Katz-und-Maus-Spiele gespielt.

In jenen einsamen Nächten fühlte ich mich nicht sehr arrogant und großspurig vor Gott. Ich stellte mir vor, wie Jesus mich besuchte. Ich malte mir aus, wie er ein rauhes Leinengewand mit einem Gürtel um seine Taille trug. Vor meinem inneren Auge sah ich, wie er sanft an den Betten meiner Zimmergenossinnen vorbeischritt und dabei seine staubigen Sandalen Abdrücke auf dem Linoleumboden hinterließen. Es tröstete mich, mir vorzustellen, daß er neben meinem Bett stand, das Gitter hinunterließ und sich auf die Bettkante setzte.

Der stechende Schmerz der Einsamkeit ließ nach, wenn ich mir vorstellte, wie Jesus sich nach vorn beugte, mit dem Handrücken über meine Wangen strich und ein paar Haarsträhnen aus meinem Gesicht tat. Mit einem Blick in meine Augen fragte er:»Joni, wenn ich dich genug liebte, um für dich zu sterben, glaubst du nicht, daß ich wußte, was ich tat.

Sein Argument war einleuchtend. Wenn Jesus für mich gestorben war, dann konnte ich ihm in allen Dingen, die mein Leben betrafen, vertrauen. Das allein machte mich demütig vor Gott. Derselbe Gott, der Seen gemacht, Flußbetten gegraben, Berge aufgetürmt und Zeit und Raum erdacht hatte, kümmerte sich genug, um mich zu trösten.

Im ersten Petrusbrief erhalten wir die Anweisung:»Beugt euch also in Demut unter die mächtige Hand Gottes, damit er euch erhöht, wenn die Zeit gekommen ist« (1 Petr 5,6). Sogar als ich gelähmt darniederlag, wurde mir bewußt, daß ich mehr als genug Gründe hatte, dankbar zu sein. Christus war aus Liebe für mich gestorben . . . aus Liebe, die ich nicht verdiente.

Was geschah danach? Gott begann, mein Gebet nach einem engeren Wandel mit ihm zu erhören. Erinnern Sie sich, wie ich so unbedacht sagte:»Oh Gott, ich möchte dir nahe sein?« Erst nachdem ich mich vor Gott gedemütigt hatte, begann er, mich zu erhöhen.

Langsam und stetig begann Gott, mich aus meiner Furcht und meinen Ängsten herauszuholen. Es geschah nicht über Nacht, aber der Anfang dieses Prozesses gab mir den Antrieb, den ich brauchte.

»Staub und Asche«

»Ich habe es nun einmal unternommen, mit meinem Herrn zu reden, obwohl ich Staub und Asche bin« (Gen 18,27) — mit dieser Einstellung betete Abraham. Mich beeindruckt seine demütige Haltung. Und je mehr sich Abraham demütigte, desto »höher« muß er sich gefühlt haben. Ich kann mir vorstellen, daß Abraham, als er mit Gott sprach, sich wie auf Adlersschwingen in die Höhen des Himmels erhoben fühlte. Er muß Ehrfurcht darüber empfunden haben, daß es ihm gestattet war, vor Gott, den Allmächtigen, zu treten. Ich bin sicher, daß er in seinem Gespäch mit Gott meinte, der Himmel sei zum Greifen nahe. Er hatte mit dem Herrn des Universums gesprochen. Dieser Gedanke allein war genug, um ihn zu demütigen, ihn daran zu erinnern, daß er nur »Staub und Asche« war.

»Staub und Asche«. Es gab Zeiten in meinem Gebetsleben, in denen ich diese Perspektive nicht hatte, in denen ich keinen Blick für den Himmel bekam. Oft bestanden meine Gebete eher aus einer Reihe wohlgeordneter Worte um ein Initialwort von Anbetung, Bekenntnis, Danksagung und Fürbitte herum, an dessen Ende ein Amen stand. Ich machte den Fehler, viel zu stur eine bestimmte Ordnung von Dank und Bitten zu befolgen, in denen meine Worte wie eine Entenfamilie ordentlich hintereinander aufgereiht waren.

Wenn ich mir Abrahams Schrei zu Gott ansehe — einen Schrei, der ganz und gar nichts mit einer reinen Anordnung von passenden Worten zu tun hatte — dann ist klar, daß geistlich geordnete Gebete aus mehr bestehen als einer vorgeschriebenen Ansammlung und Ordnung unserer Anliegen. Geistliche Gebete haben mit einer echten Person zu tun, mit jemandem, der wirklich gegenwärtig ist, auch wenn wir ihn nicht sehen.

Uns selbst in »Staub und Asche« zu demütigen bedeutet,
einen Sinn für unsere Armut und für Gottes Größe
zu bekommen, für unsere Sünde und seine Reinheit,
für unsere Menschlichkeit und seine Göttlichkeit.

Geistliches Beten bedeutet, mit dem unsichtbaren Schöpfer des Universums zu reden, so als stünde er sichtbar und furchterregend vor uns. Dieser Gedanke läßt uns uns fühlen wie Abraham — verwundert darüber, daß wir überhaupt mutig genug waren, zu Gott zu sprechen.

»Im Gebet sind wir oft mit uns selbst beschäftigt, mit unseren eigenen Nöten und unseren eigenen Anstrengungen, diese Nöte vorzubringen. Wenn wir auf Gott warten, gilt der erste Gedanke dem Gott, auf den wir warten. Gott will sich offenbaren, er will uns mit sich erfüllen. Bevor Sie beten, beugen Sie sich still vor Gott und erinnern Sie sich bewußt daran, wer er ist, wie nah er ist, wie sicher er helfen kann und wird. Seien Sie stille vor ihm, und erlauben Sie seinem Heiligen Geist, in Ihrer Seele die kindliche Haltung absoluter Abhängigkeit und vertrauensvoller Erwartung zu erwecken. Warten Sie auf Gott, bis Sie wissen, daß Sie ihm begegnet sind; dann wird sich Ihr Gebet verändern« (Andrew Murray).

Wenn Sie beten, nehmen Sie sich wenigstens einen Moment Zeit, über Gott nachzudenken, bevor Sie zu ihm sprechen? Nehmen Sie sich diese Woche Zeit, sich auf Gott zu konzentrieren, bevor Sie Ihren Mund zum Gebet öffnen. Machen Sie sich bewußt, daß Sie sich an ein lebendiges und heiliges Wesen richten, das Ihnen wirklich zuhört. Und dann bekennen Sie Ihre Schuld. Gott hat beschlossen, freundlich und gnädig zu sein. Seine wunderbare Gnade reicht aus, um uns demütig zu machen.

Er ist unser liebender himmlischer Vater.

Zur Gruppendiskussion

1. Welche Schuldgefühle hindern Sie am Beten?
2. Wann hatten Sie Angst zu beten? Wovor hatten Sie Angst?
3. Was haben Sie unternommen, um Barrieren im Gebet zu überwinden?
4. Welche Eigenschaften Gottes helfen Ihnen, eine demütige Haltung im Gebet zu bewahren?

Kapitel 5

Wie Sie in besonderen Anliegen Gottes Angesicht suchen

*Wenn Sie sicher sind, daß das, worum Sie bitten,
eine gute Sache ist, dann bitten Sie jetzt, bitten Sie am Mittag,
bitten Sie am Abend, bitten Sie immer. Bringen Sie Ihr Anliegen
unter Tränen und Weinen vor Gott. Ordnen Sie Ihre Argumente.
Untermauern Sie Ihre Bitten mit Begründungen.
Nehmen Sie das wertvolle Blut Jesu in Anspruch.*

Charles Haddon Spurgeon

Wofür können wir also beten? Aus »Staub und Asche«, mit heiliger Sorgfalt — aber wofür sollen wir beten?

Nachdem wir innerlich zur Ruhe gekommen sind, unsere Gedanken gesammelt, uns Zeit genommen haben, unseren Blick auf Gott zu richten, und uns vielleicht vorstellen, wie es ist, vor seinen Gnadenthron zu kommen, müssen wir konkret beten.

Vor ungefähr zehn Jahren saß ich eines Sonntagmorgens im Gottesdienst. Unser Pastor, John MacArthur, befand sich auf einer Pastorenkonferenz, daher hatten wir einen Gastprediger. Zugegebenermaßen gewann seine Predigt nicht meine ganze Aufmerksamkeit.

Ich hätte mich irgendwelchen Tagträumereien hingeben können, aber ich dachte bei mir: *Na komm schon, heute ist der Tag des Herrn. Ich sitze im Gottesdienst. Ich möchte etwas tun, das Gott* ehrt. *Und wenn mich diese Predigt schon nicht packt, dann werde ich eben alle meine Gedanken unter den Gehorsam Christus sammeln.*

Ich fing an zu beten. Aber ich brauchte etwas, worauf ich mich konzentrieren konnte, und so blieb mein Blick am Hinterkopf einer Person fünf oder sechs Reihen vor mir hängen. Ich sah ihr Gesicht nicht.

Ich kannte ihren Namen nicht. Ich wußte noch nicht einmal, ob sie Christus kannte, aber ich beschloß, die nächsten dreißig Minuten im Gebet für diesen Mann zu verbringen, egal wer er war. Und so begann ich:

Vater im Himmel, danke, daß du diesen Menschen liebst. Und Gott, wenn er dich kennt, dann bitte ich dich, seine Liebe zu deinem Wort zu vertiefen. Und Vater, wenn er dich nicht kennt, dann laß bitte den Pastor so etwas Bewegendes über dein Evangelium sagen, damit er in dein Reich kommen kann. Herr, bitte gib diesem Mann Kraft, egal wer er ist.

Vater, wenn er nicht verheiratet ist und eine Freundin hat, dann bewahre ihn vor unmoralischem Verhalten im sexuellen Bereich. Halt ihn fest. Herr, wenn er verheiratet ist, laß ihn seinem Ehever- sprechen treu bleiben. Bewahre ihn als ehrbaren Menschen, bitte. Laß nicht zu, daß die Mädchen an seiner Arbeitsstelle mit ihm flir- ten. Und laß ihn keiner Versuchung verfallen.

Ich starrte auf den Kopf des Mannes, auf sein schwarz glänzen- des Haar, und eine Woge des Friedens kam über mich, als ich spürte, daß ich Sieg im Gebet hatte. Ich betete weiter.

Stärke diesen Mann, Herr, bitte. Stärke seinen Glauben, halte ihn von Lügen fern, reinige ihn von schlechten Gewohnheiten. Hilf ihm im Gebet, und erhalte seine Gesundheit. Bewahre seine Gedan- ken, Herr. Vertiefe seine Freundschaften, hilf ihm zu gehorchen, laß seine Liebe zu dir wachsen. Herr, wenn er Schwierigkeiten mit seinen Eltern hat, dann hilf bitte, diese Konflikte zu lösen. Gott, hilf ihm, mit seinem Chef oder Vorgesetzten bei der Arbeit auszu- kommen, damit er ein noch ehrbarerer Zeuge für dich sein kann. Herr, beantworte seine Fragen, wenn er Zweifel über seinen Glauben hat.

Ich betete immer weiter. Nach einer halben Stunde war ich völlig begeistert und erfreut, daß ich für diesen mir unbekannten Men- schen hatte beten können.

Nachdem wir unsere Herzen zur Ruhe gebracht haben,
unsere Gedanken gesammelt, uns Zeit genommen,
unseren Blick auf Gott zu richten und uns vielleicht sogar
vorstellen, wie es ist, vor seinen Gnadenthron
zu kommen, müssen wir konkret beten.

Auf diese praktische Art und Weise, mit einem konkreten Gebet betete ich Gott an.

Als der Gottesdienst vorüber war, überlegte ich, ob ich zu dem Mann hingehen und von meinem Gebet erzählen sollte. Aber nein. Er würde denken, ich sei verrückt! So beschloß ich, mein Gebet als Geheimnis zwischen Gott und mir zu bewahren.

Die Antwort auf Gebet

Gott überraschte mich mit dem weiteren Verlauf der Geschichte. Etwa einen Monat später traf ich den Mann wieder. Ein gemeinsamer Bekannter stellte uns einander vor. Ich sah einen gutaussehenden Orientalen mit breiten Schultern und pechschwarzem Haar vor mir. Das Haar kam mir bekannt vor, also sagte ich: »Könnten Sie sich bitte einmal umdrehen, damit ich Ihren Hinterkopf sehen kann?«

Nicht zu fassen! Ich sagte: »Das ist unglaublich, aber vor ungefähr einem Monat habe ich in der Kirche eine halbe Stunde lang für Sie gebetet.« Er dachte wirklich, ich sei etwas verrückt, aber gerade das machte ihn neugierig — er fand mich ziemlich ungewöhnlich. Wir wurden Freunde, und er lud mich ein, mit ihm auszugehen. Um die Geschichte abzukürzen: Etwa achtzehn Monate später waren wir verheiratet, und nun freue ich mich, die Frau meines wundervollen Ehemannes, Ken Tada, zu sein.

Mehr als wir bitten oder denken

Wenn wir konkret beten, kann Gott »durch die Macht, die in uns wirkt, unendlich viel mehr tun«, als wir erbitten oder uns ausdenken können (Eph 3,20). Ist das nicht fantastisch? Gott möchte so viel mehr tun, als wir je erbitten könnten. Wenn wir konkret werden, wird unser Gott weit mehr tun, als wir uns vorstellen können.

Vor einigen Jahren wurde ich von der Billy Graham Evangelistic Association eingeladen, zwei Workshops im Rahmen der Veranstaltung »Amsterdam '86« zu leiten, einem großen internationalen Kongreß über Evangelisation in der dritten Welt. Es nahmen Evangelisten aus mehr als 160 Ländern, einschließlich Malawi, Bangladesch, Indien, den Salomon-Inseln, West-Samoa und den Philippinen teil. Es war beeindruckend!

Unsere Workshops über Evangelisation für Behinderte waren sehr gut besucht. Zwischen den Veranstaltungen wurde ich fast umgerannt von einem begeisterten Evangelisten mit dunkelolivgrüner Haut und einem buschigen Bart. Mit seinem starken ausländischen Akzent sagte er: »Oh, ich muß Ihnen erzählen, ich komme aus dem Iran, und ich muß Ihnen sagen, daß meine Freunde und ich Ihre Bücher ins Persische übersetzt und sie vielen behinderten Menschen in Teheran weitergegeben haben.«

Ich mußte mich sehr beherrschen, nicht zu weinen. Als ich *Joni* und *Joni, der nächste Schritt* schrieb, ging ich davon aus, daß vielleicht ein paar behinderte Menschen im Rollstuhl, wie ich, von meiner Botschaft profitieren könnten. Ich nahm an, daß wahrscheinlich meine Verwandten die Bücher kaufen würden. Aber als der Evangelist aus dem Iran mir von der persischen Ausgabe erzählte, begann ich nachzudenken. Ich wünschte, ich wäre um vieles konkreter in meinen Gebeten über den Dienst dieser Bücher gewesen, als sie erstmals veröffentlicht wurden. Und doch tat Gott viel mehr, als ich je erbitten oder mir hätte vorstellen können. Er beantwortete meine bescheidene, konkrete Bitte auf großartige Weise!

»Ich lasse dich nicht los . . .«

Vielleicht erinnern Sie sich an die Geschichte von Jakob, als er mit Gott kämpfte. Sie steht in Genesis 32,24—28. Die ganze Nacht bis zum Morgengrauen rang Jakob mit Gott, und Gott renkte ihm dabei die Hüfte aus. Der Mann sagte: »Laß mich los; denn die Morgenröte ist aufgestiegen.«

Wenn wir sicher sind, daß das, worum wir bitten,
zu Gottes Ehre dient, nicht unserem selbstsüchtigen Gewinn
oder unreinen Motiven, dann können wir mit Jakob
sagen: »*Ich lasse dich nicht los, wenn du mich nicht segnest.*«

Aber Jakob antwortete: »Ich lasse dich nicht los, wenn du mich nicht segnest.« Weil Jakob standhaft blieb, gab ihm Gott den Namen Israel, denn »mit Gott und Menschen hast du gestritten und hast gewonnen«.

Haben Sie schon mit etwas gekämpft, bis Sie sicher waren, daß es Gottes Wille war? Haben Sie im Gebet durchgehalten, weil Sie wußten, daß es richtig war? Charles Spurgeon sagte:

»Es ist eine Freude zu hören, wenn ein Mensch mit Gott ringt und sagt: ›Ich lasse dich nicht los, wenn du mich nicht segnest‹, aber es muß sanft ausgesprochen werden, nicht in befehlendem Tonfall, als ob wir vom Herrn der Herrn Segen fordern könnten. Bedenken Sie: Wir sind und bleiben Menschen, auch wenn es uns gestattet ist, mit dem ewigen *Ich bin* zu kämpfen. Jakob hinkte nach jenem nächtlichen heiligen Streit. Das zeigte ihm, daß Gott furchtbar ist und daß seine Macht nicht in ihm selbst lag. Wir haben gelernt zu sagen: ›Unser Vater‹, aber auch: ›Unser Vater, *der du bist im Himmel*‹. Es mag eine gewisse Vertrautheit herrschen, aber es ist eine heilige Vertrautheit; ein Mut, aber Mut, der aus Gnade entspringt und vom Heiligen Geist gewirkt ist; nicht der Mut des Rebellen, sondern der Mut eines Kindes, das sich fürchtet, weil es liebt, und das liebt, weil es sich fürchtet« (Charles Haddon Spurgeon, *Lectures to My Students*).

Mir gefällt Martin Luthers Gebet: »Herr, ich will, daß du in dieser Angelegenheit meinen Wunsch erfüllst, denn ich weiß, daß er deinem Willen entspricht.« Waren Sie je in der Lage, so zu beten?

Wenn wir sicher sind, daß das, worum wir bitten, zu Gottes Ehre dient, nicht unserem selbstsüchtigen Gewinn oder unreinen Motiven, dann können wir mit Jakob sagen: »Ich lasse dich nicht los, wenn du mich nicht segnest.« Das ist ein riskantes Gebet, nicht wahr? Manche Menschen haben sich ihr Genick dabei gebrochen. Andere Menschen wie Jakob haben ihre Hüfte ausgerenkt. Aber — es folgt viel Segen daraus!

Gebetshilfe

Gibt es konkrete Fragen, die Sie Gott stellen möchten? Bereiche, in denen Sie Gottes Hilfe brauchen? Nehmen Sie sich Zeit und schreiben Sie sie auf. Dann sprechen Sie mit Gott über jeden einzelnen Punkt. »Ringen« Sie mit ihm, wenn es sein muß. Bitten Sie ihn, Ihnen seinen Willen in jedem Punkt zu zeigen. Seien Sie offen für die Veränderungen, die Gott in Ihr Leben bringen wird.

Zur Gruppendiskussion

1. Als Sie die Geschichte über mein Gebet für den Mann in der Kirche lasen, wie, dachten Sie, würde sie enden? Wann haben Sie für Fremde gebetet?
2. Welche konkreten Antworten auf ein Gebet haben Sie noch im Gedächtnis? Welche konkreten Antworten haben Sie in letzter Zeit erhalten?
3. Welche allgemeinen Gebete, die Sie normalerweise sprechen, könnten Sie konkreter formulieren? Wann können Gebete zu spezifisch sein?
4. Was bedeutet es, im Gebet »mit Gott zu ringen«? Welche Vorteile hat es, ausdauernd zu beten?
5. Wann haben Sie mit Gott im Gebet gerungen? Wie hat Gott Sie in diesem Prozeß verändert? Wie hat Gott Ihr Gebet beantwortet?

Kapitel 6

Wie Sie Disziplin in Ihrem Gebetsleben erlernen

Ich glaube, daß wenn wir nicht beten können,
es an der Zeit ist, mehr denn je zu beten. Und wenn Sie entgegnen:
»Aber wie soll das gehen?«, dann würde ich sagen:
Beten Sie darum, beten zu können. Beten Sie um Gebet.
Beten Sie um den Geist der Fürbitte.
Geben Sie sich nicht damit zufrieden, zu sagen: »Ich würde beten,
wenn ich könnte.« Nein, wenn Sie nicht beten können,
dann beten Sie so lange, bis Sie es können.

Charles Haddon Spurgeon

Weise zu beten beinhaltet drei Elemente, die wir in den drei Kapiteln zuvor besprochen haben: völlige Unterordnung unter den Herrn und seinen Willen; anerkennen, daß Gebet wirkliches Reden mit dem unsichtbaren Gott ist; und gezielt beten.

Beten ist eine Kunst

Obwohl Beten eine Kunst ist, die nur der Heilige Geist uns lehren kann, finde ich es wichtig zu beten, bis Sie wissen, wie man betet. Beten Sie um Hilfe beim Beten. Gebet ist nicht etwas, das wir durch das Lesen eines Buches erlernen können. Es ist eine Disziplin. Es ist eine Kunst, und es ist harte Arbeit.

Haben Sie sich jemals gefragt, wie es kommt, daß Menschen Tausende, ja sogar Millionen von Dollar für Gemälde von berühmten Künstlern ausgeben? Haben Sie sich schon einmal ratlos am Kopf gekratzt und gedacht, daß Menschen, die stundenlang vor einem Monet stehen, etwas seltsam sind? Haben Sie schon einmal eine moderne Skulptur betrachtet und überlegt: *Ich finde, da fehlt irgend etwas* ... Haben Sie sich schon einmal gefragt, warum eine Photographie von Ansel Adams Bände spricht? Was sehen die Menschen überhaupt in der Kunst?

Vielleicht stellen Sie sich solche Fragen eher im Bereich der Musik. Scheint es Ihnen komisch, wenn Menschen Hunderte von Dollar ausgeben, um Eintrittskarten für ein Konzert zu erstehen? Damit Sie sich hinsetzen und stundenlang einem Konzert von Mendelssohn zuhören können? Ist das nicht ein bißchen zuviel des Guten?

Ich weiß noch, wie ich eine eher gleichgültige Einstellung zur Kunst hatte. Ich schaute mir eine Skulptur an und konnte nur verlegen kichern. Ich besuchte Museen und betrachtete die Menschen, die lange Zeit vor irgendwelchen Gemälden standen, und ich wußte, daß ich irgendwie das Eigentliche nicht begriff.

Aber meine Einstellung begann sich zu ändern, als ich meinem Kunstlehrer begegnete. Bevor ich im täglichen Kunstunterricht auch nur den Pinsel ergriff, verbrachten wir immer eine Stunde damit, uns Kunstbücher anzusehen. Mein Kunstlehrer schlug einen Druck von Monet auf, und wir diskutierten über die Farben und ihre Zusammensetzung. Er blätterte um, wir schauten uns Drucke von Cézanne oder Gauguin an. Wir diskutierten über Farbtests, Experimente, die Werte von Hell und Dunkel, die verschiedenen Schattierungen von Rosa und Blau.

Anfangs fand ich das langweilig. Aber je mehr ich schaute und zuhörte, desto mehr begann ich das zu schätzen. Die Zeit, die ich Seite für Seite mit diesen Meistern verbrachte, öffnete mein Denken dafür. Je mehr Kunstwerke ich mir anschaute, desto öfter ging ich in Museen. Je öfter ich Museen besuchte, desto mehr offenbarte sich mir. Je mehr sich mir offenbarte, desto mehr verstand ich. Je mehr ich verstand, desto mehr freute ich mich. Wenn ich heute sehe, wie jemand einen Rembrandt studiert, verstehe ich, was er oder sie schätzt. Der Schlüssel liegt darin: Wenn Sie gute Kunst nicht schätzen, dann nehmen Sie sich Zeit, gute Kunst anzuschauen. Wenn Sie gute Musik nicht schätzen können, dann verbringen Sie viele Stunden damit, gute Musik zu hören.

Mit dem Beten ist es ganz ähnlich wie mit anderen Disziplinen. Wie Kunst und Musik ist es eine Disziplin, die wir nur schätzen, wenn wir auch wirklich viel Zeit hineininvestieren.

Ich kenne Menschen, die ähnlich zu kämpfen haben, wenn sie sich die Gebetsgewohnheiten anderer ansehen. Sie hören, wie jemand begeistert darüber ist, einen ganzen Vormittag im Gespräch mit Gott zu verbringen, und gähnen nur ratlos und denken: *Nun, das ist ja gut und schön für sie, aber ich kapiere das einfach nicht. Ich verstehe einfach nicht, warum es ihnen Spaß macht zu beten — vielleicht fehlt mir etwas.*

Haben Sie sich schon einmal so gefühlt? Vielleicht könnten Sie sich nie vorstellen, ein »Gebetskämpfer« zu sein. Sie sind der Meinung, daß manche Menschen einfach besser ausgerüstet sein müssen, vielleicht besser trainiert sind, oder daß sie von ihrer Persönlichkeit her besser zum Beten geeignet sind als Sie selbst. Aber ehrlich gesagt ist der einzige Weg, wie Sie und ich eine wirkliche Wertschätzung für das Gebet gewinnen können, das Gebet selber. Beten ist eine Kunst, die uns nur der Heilige Geist lehren kann.

Beten Sie um Gebet.

Beten Sie um Hilfe im Gebet.

Beten Sie, bis Sie das Gebet schätzen.

Mit dem Beten ist es ganz ähnlich wie mit anderen Disziplinen. Wie Kunst und Musik ist es eine Disziplin, die nur geschätzt werden kann, wenn Sie auch wirklich Zeit hineininvestieren. Verbringen Sie Zeit mit Gott, dem Meister, das wird Ihr Denken erheben. Je mehr Sie beten, desto mehr wird sich Ihnen offenbaren. Sie werden verstehen. Sie werden lächelnd nicken, wenn Sie sich mit anderen identifizieren, die lange Kämpfe führen und auf ihren Knien große Freude erlangen.

Wir können es uns nicht leisten, die Disziplin des Betens zu vernachlässigen, genausowenig wie ein Soldat es sich leisten kann, während der Grundausbildung Urlaub zu machen.

Je mehr Sie beten, desto ähnlicher werden Sie Abraham, der sich wie »Staub und Asche« fühlte. Sie werden sein wie Jakob, der sagte: »Ich lasse dich nicht los, wenn du mich nicht segnest.« Sie werden auf das vorbereitet sein, was in Ihrem Leben vor Ihnen liegt.

Je mehr Sie beten, desto mehr werden Sie verstehen, um so mehr Freude haben Sie und desto besser werden Sie die Größe unseres Gottes kennenlernen.

Gebetshilfe

Wenn es Ihnen mit der Suche nach Gottes Angesicht ernst ist, sollten Sie auch das Beten ernst nehmen. Nehmen Sie sich jetzt einen Moment Zeit zu beten. Legen Sie dieses Buch aus der Hand, schließen Sie Ihre Augen, bringen Sie Ihr Herz zur Ruhe.

Knien Sie in Gedanken vor Gott in seinem Thronsaal nieder. Nähern Sie sich ihm mit Ehrfurcht und Ehrerbietung und einer heiligen Sorgfalt. Gott ist sehr real und er freut sich, unsere Anliegen zu hören. Aber wir können diese Freiheit nicht als selbstverständlich betrachten. Wir sollten einfach heilige Hände vor ihm erheben, Hände, die durch das Blut Jesu Christi gereinigt sind, und sagen: »Vater, wir preisen dich, wir beten dich an, wir erheben dich, wir rühmen und verherrlichen dich.«

Dann nehmen Sie sich einige Minuten Zeit, mit Gott über Hilfe beim Beten zu reden. Bitten Sie ihn, Ihnen verstehen zu helfen, denn er hat verheißen, uns Dinge zu offenbaren. So werden Sie Freude empfangen. Beten Sie in Jesu Namen, und danken Sie ihm, daß er Sie in seiner Familie willkommen heißt. Preisen Sie Gott für Jesus und dafür, daß er um Jesu willen Ihr Gebet hört. Danken Sie ihm für Ihre geistliche Reise und den Weg, den er für Sie vorbereitet hat.

Zur Gruppendiskussion

1. Welche Talente haben Sie, an deren Entwicklung Sie hart gearbeitet haben?

2. In welcher Hinsicht ist Gebet wie Kunst und Musik?
3. Inwiefern ist harte Arbeit im Gebet nötig? Was müssen Sie üben?
4. Wie würden Sie von dem, was Sie bisher gelesen haben, einen »Gebetskämpfer« beschreiben?
5. Was müßten Sie tun, um in Ihrem Gebetsleben besser diszipliniert zu sein?

Teil 2

Wie Sie den Weg des Gebetes gehen

Kapitel 7

Wie Sie Ihre Argumente vor Gott bringen

Denken Sie nicht, Sie hätten gebetet,
bis Sie nicht Fürsprache gehalten haben, denn das Fürsprechen
ist der Kern des Gebets.

Charles Haddon Spurgeon

Ich liebe Worte. Ich finde es faszinierend, Begriffe zu analysieren und ihren Ursprung und die verschiedenen Bedeutungen zu erforschen.

Nehmen Sie zum Beispiel das Wort *Argument*. Es bedeutet von seiner Wurzel her »klarmachen oder begründen«, »Beweis oder Widerlegung, eine Folge von möglichen Begründungen«. Es bedeutet also, Begründungen geben, Beweise anführen. Wenn Menschen argumentieren, dann bringen sie Beweise vor, die ihre Überzeugung untermauern.

Wenn man genauer darüber nachdenkt, ist festzustellen, daß es in der Bibel viele Berichte von großen Männern des Glaubens gibt, die mit Gott diskutierten bzw. ihre Argumente vor ihn brachten. Ijob argumentierte vor Gott, aber er stritt sich nicht mit ihm. Zorn hatte mit seinen Argumenten nichts zu tun. Er wollte sich und seine Überzeugung einfach vor Gott erklären.

Streiten Sie nicht, wenn Sie zornig sind

Das Verheiratetsein hat mich viel über die Bedeutung des Wortes *Argument* gelehrt. Ich bin seit fast zehn Jahren verheiratet, und ich behaupte nicht, eine Expertin in Sachen Ehe zu sein, aber durch mein Behindertsein haben mein Mann und ich viel über die Kunst des Argumentierens und Streitens gelernt.

Es ist unvermeidlich, daß ein Ehepartner manchmal zornig wird. An manchen Punkten kommt es so weit, daß einer in der Ehe durch enttäuschte Erwartungen oder unausweichliche Mißverständnisse in seinen Gefühlen verletzt wird. Ärger steigt hoch. Ärger an sich ist noch keine Sünde, aber die Bibel macht uns klar, daß wir richtig mit diesem Ärger umgehen müssen, wenn wir nicht sündigen wollen.

Die schlechteste Art, mit Ärger umzugehen, ist zu streiten. Im Gegensatz zum Argumentieren ist Streiten ein explosives Wortgefecht, bei dem der gewinnt, der rhetorisch geschickter ist. Ich kam mir beim Streiten immer vor, als würde ich ein schlechtes Drehbuch lesen:»Nie tust du . . .«, »Immer machst du . . .!« Kommt Ihnen das bekannt vor?

Streiten ist die falsche Art, mit Ärger umzugehen. Gott möchte lieber, daß wir argumentieren.

Argumentieren Sie weise

Wenn mein Mann und ich argumentieren, muß ich zugegebenerweise sagen, daß Ken fair kämpft. Normalerweise kann er ärgerlich werden, ohne dabei gleich zerstörerisch zu sein. Er kämpft — aber er kämpft fair.

Nur an einem Abend war es anders. Wir diskutierten im Wohnzimmer, alles lief ziemlich ruhig — jedenfalls für einen Streit. Aber als mir dann eine dumme Bemerkung herausrutschte, ging Kens Temperament mit ihm durch. Er stürmte aus dem Zimmer und schlug die Tür hinter sich zu. Wissen Sie, was das bedeutete? Ich konnte ihm nicht folgen. Ich war körperlich nicht in der Lage, die Wohnzimmertür zu öffnen und ihm in die Küche zu folgen. Ich steckte fest.

In meinen Augen war das ein unfairer Kampf. Nun, ich unterdrückte meine eigene Wut, senkte meine Stimme und erinnerte Ken höflich daran, daß Türen-Zuwerfen unfair war. Damit ging die Tür wieder auf, und ich konnte mit meinem Rollstuhl in die Küche fahren, wo wir unseren dummen Streit glücklicherweise beendeten.

Fair kämpfen? Das ist absolut wichtig, damit Sie und Ihr Partner — oder Freund oder Zimmergenosse — nicht nur Ihre Meinungsverschiedenheiten äußern, sondern auch ehrlich damit umgehen können. Und es ist ein guter Grundsatz, den wir uns merken sollten, wenn wir mit unseren Begründungen und Überzeugungen vor Gott treten. Mit anderen Worten: Es gibt Regeln für das Vorbringen guter Argumente.

Erstens: Denken Sie daran zu *argumentieren,* nicht zu streiten. Wenn Ken und ich argumentieren, beißen wir uns zuerst auf die Zunge, dann setzen wir uns hin und beginnen, unsere Meinungen zu begründen. Ich muß versprechen, fünfzehn Minuten lang mit ganzer Offenheit zuzuhören. Ich darf nicht unterbrechen. Ich darf keine Zwischenbemerkungen machen. Ich verspreche zuzuhören, und ich weiß, daß nach diesen fünfzehn Minuten Ken schweigen wird und ich meine Argumente darlegen kann. Dann kann ich alles vorbringen und meine Beweise anführen.

So geht es hin und her, bis wir unseren Konflikt beigelegt haben.

Mein Rollstuhl hat uns dabei geholfen zu lernen, mit unserem Ärger auf gute Weise umzugehen. Ich kann nicht aus dem Haus stürmen, die Türen zuknallen oder ins Auto springen und zu einer Freundin fahren. Ich könnte zwar die Schlafzimmertür abschließen und früh zu Bett gehen, die Decke über den Kopf ziehen und meinem Mann voll Mißfallen den Rücken zudrehen. Das Schlimmste, was ich meinem Mann antun kann, ist, über seine Zehen zu fahren!

Ich hoffe also, Sie verstehen, was uns die Worte von Paulus im 2 Korintherbrief, Kapitel 12, Vers 9 und 10 bedeuten:»Meine Gnade genügt dir; denn sie erweist ihre Kraft in der Schwachheit. Viel lieber also will ich mich meiner Schwachheit rühmen, damit die Kraft Christi auf mich herabkommt. Deswegen bejahe ich meine Ohnmacht, alle Mißhandlungen und Nöte, Verfolgungen und Ängste, die ich für Christus ertrage; denn wenn ich schwach bin, bin ich stark.«

Mein Rollstuhl ist für uns eher Gewinn als ein Nachteil. Immerhin hat er uns gelehrt, richtig zu argumentieren.

Wie Sie Gott Ihre Gründe darlegen

Argumentieren bedeutet also, seine Begründungen darzulegen oder Beweise anzuführen. Wenn jemand argumentiert, dann bringt er Beweise für seine Überzeugung vor. Erinnern Sie sich daran, was Ijob sagte? »Wüßte ich doch, wie ich ihn finden könnte, gelangen könnte zu seiner Stätte. Ich wollte vor ihm das Recht ausbreiten, meinen Mund mit Beweisen füllen« (Ijob 23,3—4).

Wenn Ihnen ein Anliegen so wichtig ist, daß Sie es im Gebet vor Gott bringen wollen, dann seien Sie bereit, Argumente anzuführen. Begründen Sie, warum Gott durch die Erhörung Ihrer Bitte verherrlicht werden würde. Plädieren Sie mit gut gewählten Worten, nicht mit ungenauen, unsicheren Satzfetzen, die Sie schon tausendmal zuvor benutzt haben. Argumentieren braucht Zeit. Machen Sie sich Gedanken, wie Sie Ihr Anliegen vor Gott begründen können.

Ich finde »argumentatives« Gebet bewundernswert. Ich glaube, Gott hört gerne jemandem zu, der sein Gebet ernst genug nimmt, daß er das, was er glaubt, begründet. Erinnern Sie sich; Gott sagte zu Jesaja: »Kommt her, wir wollen sehen, wer von uns recht hat« (Jes 1,18).

Gott fordert uns auf, mit ihm zu argumentieren, unsere Worte abzuwägen, wenn wir in seine Gegenwart kommen, unser Für und Wider darzulegen, gründlich über unser Gebet nachzudenken. Wie Spurgeon sagte: »Wenn ein Mensch ein Argument für eine Sache sucht, dann tut er es, weil ihm das, was er sucht, wichtig ist.« Und Gott liebt einen Menschen, der auf diese Weise mit ihm spricht.

Aber warum sollten wir überhaupt argumentieren? Es liegt offensichtlich nicht daran, daß Gott informiert werden müßte. Er kennt die Gründe für unsere Umstände, und er weiß mehr über unsere Situation als wir.

Ich finde »argumentatives« Gebet bewundernswert.
Ich glaube, Gott hört gerne jemandem zu,
der sein Gebet ernst genug nimmt, daß er das,
was er glaubt, begründet.

Wir können Gott nichts sagen, was er nicht bereits wüßte. Wir argumentieren nicht, weil es Gott an Information mangelt. Wir argumentieren auch nicht, weil er nur ungern gibt und dazu gedrängt werden muß, seinen Willen zu tun. Wir argumentieren nicht um seinetwillen, sondern zu unserem Besten.

Wir müssen uns im Gebet engagieren, unsere Gedanken überprüfen, herausfinden, ob eine Sache wirklich von Gott und seinem Willen gemäß ist. Man könnte die Worte Gottes an Jesaja auch so umschreiben: »Nun komm, streng deine Gedanken an und laß uns gemeinsam über diese Sache beraten.« Gott freut sich, wenn seine Kinder in dieser Weise zu ihm kommen. Gott möchte, daß wir uns im Gebet engagieren. Er möchte, daß wir nicht nur zu ihm sprechen, sondern daß wir uns mit ihm unterhalten.

Der Herr fordert Sie auf, zu ihm zu kommen und mit ihm zu argumentieren. Gott sprach diese Einladung an Jesaja aus, und er spricht sie auch heute zu Ihnen aus.

Auf der Suche nach Antworten

Vor einigen Jahren war ich auf einer Feier in einem Buchladen in Grand Rapids (Michigan). Ich hatte gerade mein Buch *Auf neuen Wegen* fertiggestellt, und mein Verleger wollte, daß ich in die Stadt kam, um mit den Verlagsvertretern zu sprechen. Dazu gehörte auch, daß ich in den Buchladen vor Ort ging, um für mein neues Buch zu werben.

Bei der Feier standen die Menschen Schlange, um ein Autogramm zu bekommen. Autogramme zu geben ist frustrierend für mich — ich würde viel lieber reden als meinen Namen schreiben — sehen Sie, ich muß den Stift zwischen meine Zähne klemmen, und ich kann nicht gleichzeitig schreiben und mit den Leuten reden.

Wie dem auch sei, in der langen Schlange stand ein etwa zehn Jahre altes Mädchen. Sie hielt ein abgegriffenes Exemplar meines ersten Buches, *Joni,* in der Hand. Mit schüchterner Stimme sagte sie:»Ich heiße Kitty. Ich habe das hier gelesen, als ich ein kleines Mädchen war. Es bedeutet mir sehr viel, weil ich eine Herzkrankheit habe und nicht draußen mit meinen Freunden spielen kann. Und Joni, ich weiß nicht . . . ich habe viele Fragen an Gott.«

An diesem Punkt mußte ich mit den Tränen kämpfen. Ich merkte, wie ihre Mutter ihre Schulter tätschelte. Im Moment hatte ich keine Zeit, privat mit der Mutter zu sprechen, aber mein Herz betete: *Lieber Gott, bitte schenke, daß diese Mutter es zuläßt, daß die Tochter Fragen stellt.*

Gott erwartet, daß wir Fragen stellen

Sehen Sie, ich weiß, daß ich kurz nach meinem Unfall erleichtert war, daß der Gott der Bibel nicht menschliche, sondern göttliche Größe besaß. Und er konnte meine schwierigsten Fragen beantworten. Es beeindruckte mich zu wissen, daß Gott sich durch mein Fragen nicht einschüchtern ließ oder meine Zweifel eine Bedrohung für ihn darstellten. Manchmal hatte ich fast den Eindruck, daß Gott sagte:»Komm, Joni, laß uns sehen, wer recht hat. Denke nach. Laß uns dem Problem auf den Grund gehen.«

Ich lehnte mich zu Kitty vor und sagte:»Habe keine Angst vor deinen Fragen. Unser Gott ist groß genug, mit deinen tiefsten Zweifeln fertigzuwerden. In der Bibel wird sogar von einem Mann berichtet, der sagte: ›Herr, ich glaube. Hilf meinem Unglauben.‹ Und Kitty, das tust du, wenn du mit Gott sprichst. Du glaubst an ihn, wenn du einfach mit ihm sprichst. Aber sei ehrlich genug, ihm deine Fragen und Sorgen zu sagen. Er wird dadurch nicht verunsichert sein. Er wird mit dir sprechen.«

Ein Ausdruck der Überraschung und freudiger Erkenntnis huschte über Kittys Gesicht. Als sie lächelte, schien es, als ginge ihr ein helles Licht auf, und sie verstand, daß Gott sich vor ihren Fragen nicht fürchtete. Folglich brauchte sie auch keine Angst haben, ihre Sorgen vor Gott zu bringen. Er wußte sowieso darüber Bescheid. Warum sollte Kitty nicht ehrlich zu Gott sein und ihm sagen, was ihr auf dem Herzen lag? Sie mußte ermutigt werden, ihre Fragen nicht zu unterdrücken, sondern statt dessen ihren Glauben durchzudenken, bis sie Gottes Wesen und seine Antworten auf ihre Fragen besser verstehen konnte.

Ich kann es Kitty gut nachfühlen. Kurz nach meinem Unfall schwirrte es in meinem Kopf vor Fragen, und ich suchte im Buch Ijob nach Antworten. Ich wollte unbedingt das Warum und Wie wissen, aber ich fand heraus, daß das Buch Ijob nur noch mehr Fragen aufwarf, als daß es die bestehenden beantwortete. Gott weigerte sich, Ijobs quälende Fragen zu beantworten. Er weigerte sich auch, irgendwelche Kommentare zu den sauberen theologischen Theorien abzugeben, die Ijobs Freunde entwickelten. Aber Ijob stellte weiter harte Fragen:

> Warum hast du mich nicht bei meiner Geburt sterben lassen? (3,11—19)
> Warum läßt du böse Leute wie mich am Leben? (3,20—22)
> Wie erwartest du von mir, daß ich Hoffnung und Geduld habe? (6,11)
> Du hast mich geschaffen, warum zerstörst du mich jetzt? (10,8—9)
> Warum verbirgst du dein Gesicht und siehst mich als deinen Feind an? (13,24)

Seine Freunde waren entsetzt. Wahrscheinlich erwarteten sie, daß Ijob der Blitz treffen und ihn verbrennen würde. Aber der Blitz schlug nie ein. Und das zeigt meiner Ansicht nach, daß Gott Ijob für seine Zweifel und Verzweiflung nicht verdammte. Gott war bereit, sich seinen harten Fragen zu stellen. Und die Antworten? Sie kamen, aber sie kamen anders, als Ijob es erwartete.

Das tröstete und ermutigte mich. Gott verdammte mich nicht dafür, daß ich ihn zur Rede stellte. Ich mußte mir keine Sorgen darüber machen, Gott durch meine zeitweiligen Ausbrüche zu beleidigen, die ich in Situationen voller Angst und Schmerz erlebte. Meine Verzweiflung konnte ihn nicht schockieren. Nach dem Buch Ijob sind Fragen von Ijob . . . oder Joni . . . oder Kitty . . . oder von Ihnen keine Bedrohung für Gott. Er wird mit jeder Ihrer Fragen fertig.

Wenn Sie sich das nächste Mal in einer verwirrenden Situation befinden, in der es Gebet braucht, dann diskutieren Sie mit Gott, sagen Sie ihm, wie er Ihrer Meinung nach in diesem konkreten Fall verherrlicht werden kann. Begründen Sie ihm, warum er seinen Willen tun soll. Sagen Sie ihm, wie Ihrer Meinung nach sein Reich gefördert werden kann, wie sein Volk ermutigt, sein Wort geehrt wird. Sagen Sie ihm, daß Sie sich bemüht haben, sein Herz zu finden. Lassen Sie ihn wissen, daß Sie mit ihm verhandeln wollen, so daß er sieht, daß Ihnen Ihr Anliegen wirklich wichtig ist. Und vergessen Sie nicht, fair zu argumentieren — bleiben Sie offen für Veränderung und achten Sie darauf, ihm zuzuhören. Denn sicher hat Gott einiges zu Ihren Argumenten zu sagen!

Gebetshilfe

Denken Sie an ein Anliegen oder eine Fürbitte, die Sie erst kürzlich im Gebet vor Gott gebracht haben. Es könnte etwas ganz Einfaches sein wie: »Herr, bitte schenke meiner behinderten Nachbarin jemanden, der ihr hilft. Sie hat so viele Nöte und schafft es alleine nicht.«

Dann schreiben Sie fünf gute Gründe für Ihre Bitte auf. Dazu könnten folgende Punkte gehören:

1. Herr, du hast Mitleid mit behinderten Menschen. Als du auf der Erde warst, bist du ihren Nöten begegnet. Bitte begegne auch meiner Freundin auf diese Weise.
2. Herr, du hast versprochen, die Vögel zu ernähren und die Blumen auf dem Feld zu kleiden. Meine Nachbarin hat solche grundlegenden Bedürfnisse, und sie ist dir viel mehr wert als die Vögel und Blumen.
3. Herr, meine Nachbarin muß sehen und spüren, daß du dich persönlich um sie sorgst. Eine Hilfe — ein Christ, der ihr hilft — könnte deine »Hände« für sie sein.
4. Herr, du hast dich um die »geringsten der Brüder« gekümmert, und meine behinderte Nachbarin zählt sicher zu dieser Gruppe! Bitte begegne ihrer Not als Beweis dafür, daß du dich um die geringsten der Brüder kümmerst.
5. Herr, meine anderen Nachbarn werden inspiriert und ermutigt zu helfen, und vielleicht erkennen sie sogar »an der Liebe, die wir untereinander haben«, daß wir Christen sind.

Bekommen Sie eine Vorstellung von dem, was ich sagen will? Nehmen Sie sich einen Stift, ein Stück Papier und Ihre Bibel, und schreiben Sie fünf Gründe für Ihr Anliegen auf, das Gott Ihnen aufs Herz gelegt hat.

Zur Gruppendiskussion

1. Was ist gut an Argumenten, was schlecht?
2. Wann haben Sie Lust, mit Gott zu argumentieren? Wie könnte sich dieses Argumentieren positiv auf Ihr Gebet auswirken?
3. Worin unterscheiden sich Reden, Gespräche führen, Argumentieren und Beten voneinander?
4. Warum ist es hilfreich, Ihr Gebet durch Begründungen zu unterstützen?
5. Auf welche Weise kann sich Ihre Art zu beten verändern, wenn Sie Ihre Worte begründen?

Kapitel 8

Wie Sie Gott in seinem Wesen suchen können

*Sie und ich können sich jederzeit auf die Gerechtigkeit,
die Gnade und Treue, die Weisheit, die Geduld und die Sanftheit
Gottes berufen, und wir werden erfahren,
daß jede der Eigenschaften des Höchsten wie ein Rammbock ist,
mit dem wir die Tore des Himmels öffnen können.*

Charles Haddon Spurgeon

Mir gefällt Spurgeons Einstellung! Nun bin ich überzeugt, daß er hier nicht meinte, die Tore des Himmels wären für sein Gebet je verschlossen gewesen. Vielmehr sagt er, daß uns die Eigenschaften Gottes eine einmalige Vollmacht im Gebet verleihen. Uns eröffnet sich eine höhere Dimension im Gebet, wenn wir unseren Lobpreis, unsere Fürbitte und Bittgebete mit seinen Eigenschaften füllen.

Wie wir uns selbst an Gottes Charakter erinnern können

Gott liebt es, wenn wir in jeder Situation bewußt seine Ehre, seinen Willen, sein Wesen und sein Herz suchen. Betrachten Sie Abrahams Geschichte. Als der alte Patriarch sein Anliegen vor Gott brachte, erinnerte er den Herrn:»Sollte sich der Richter über die ganze Erde nicht an das Recht halten?«(Gen 18,25). Offensichtlich war es nicht nötig, daß Gott an seine eigene Gerechtigkeit erinnert werden mußte. Abrahams Gebet war überzeugend, weil er sein Plädoyer mit Gottes Charakter begründete. Ein bißchen verstehe ich, was Abraham tat, als er sich an Gott wandte und ihn an seine Gerechtigkeit erinnerte.

Am Anfang meines Gelähmtseins hatte meine Depression zum Teil damit zu tun, daß ich Angst vor der leeren und hoffnungslosen Zukunft hatte. Würde ich je wieder lachen können? Würde mein Leben irgendeine Bedeutung haben? Konnten meine nutzlosen Hände und Füße je etwas Gutes schaffen? Meine Entmutigung wurde etwas gemildert, als eine Freundin mich auf eine Verheißung in der Bibel aufmerksam machte, die mit Gottes Treue zu tun hatte. In Philipper 1,6 heißt es:»Ich vertraue darauf, daß er, der bei euch das gute Werk begonnen hat, es auch vollenden wird bis zum Tag Christi Jesu.«

Meine Freundin sagte:»Joni, benutze diesen Vers doch einfach als eine Art ›Schalter‹. Nagle Gott auf sein Wort fest. Er hat ein gutes Werk in dir begonnen, lange bevor du deinen Unfall hattest. Warum kämpfst du nicht im Gebet darum, daß er dieses gute Werk zu Ende führt, auch wenn du im Rollstuhl sitzt?«

Was meine Freundin sagte, war einleuchtend. Ich verstand, daß der Ausweg aus meiner Depression in der Treue Gottes lag. Ich ergriff seine Sanftheit und Güte, ich zitierte Philipper 1,6 immer und immer wieder vor Gott. Gott brauchte zwar ganz sicher nicht ständig an seine Treue erinnert werden, aber ich glaube, ehrlich gesagt, daß er sich über mein Gebet freute. Er freute sich über die Tatsache, daß ich mein Gebet ernst nahm, daß ich bereit war, über seine Treue mit ihm zu diskutieren und zu sagen:»Herr, du bist derjenige, der diesen Vers in Philipper 1,6 schrieb, und darauf berufe ich mich. Ich weiß, daß du deine Versprechen hältst, denn du sagst in Psalm 89, daß du nie deine Treue verrätst. Deshalb kann ich so vertrauensvoll sagen, daß dies dein Wille ist: Vollende die guten Dinge, die du vor meinem Unfall in meinem Leben begonnen hast.«

So beten zu können war für mich wie ein frischer Atemzug. Und wissen Sie, was geschah? Ich habe Frieden gefunden. Meine Depression verschwand. Gott war treu; er hielt sein Versprechen.

Er führt das gute Werk weiter

Dieses Gebet brachte gewaltige Veränderungen mit sich! Es war, als hätte Gott den schnellsten Gang auf meinem Weg mit ihm eingelegt, und ich begann, schnell und sprunghaft zu wachsen, wie mir gesagt wurde. Plötzlich sehnte ich mich nach seinem Wort. Auf einmal verspürte ich einen Hunger nach seiner Gerechtigkeit.

Gott liebt es, wenn wir in jeder Situation bewußt seine Ehre, seinen Willen, sein Wesen und sein Herz suchen.

Ich begann zu sehen, wie Gott das Leben seines Sohnes in mir bewirkte. Ein von Frieden, Geduld und Freude erfülltes Leben war das wunderbare Ergebnis dieses einfachen Gebetes, in dem ich mich auf die Treue Gottes berufen hatte.

Nun, was wäre geschehen, wenn ich dieses Gebet nicht gesprochen hätte? Wenn ich nicht mutig genug gewesen wäre, Gott an seine Treue zu seinem Wort in Philipper 1,6 zu erinnern? Hätte er auch dann das gute Werk in mir weitergeführt? Sicher hätte er das — er ist seinen Versprechen treu, ob ich ihn daran erinnere oder nicht!

Aber es geht um etwas anderes. Ich glaube, daß durch diese Zeiten des Kämpfens im Gebet ein spezielles, festes Band zwischen Gott und mir geschmiedet wurde. Und wer weiß? Vielleicht hätte sich mein Leben nicht ganz so dramatisch verändert, wenn ich dieses Gebet nicht gesprochen hätte. Vielleicht hat Gott dadurch den Prozeß sogar noch beschleunigt.

Er führt das gute Werk in Ihnen weiter

Ich kann mir vorstellen, was Sie sich denken: *Beim Lesen dieser Zeilen fühle ich mich schuldig. Ich kann so nicht beten ... ich kenne die Bibel nicht gut genug, um auch nur einen Satz eines Gebetes zu füllen. Ich bin zu schüchtern, als daß ich mich beim Beten der Eigenschaften Gottes bedienen könnte. Wahrscheinlich habe ich einfach nie erlebt, daß Gott auf diese Weise in meinem Leben gewirkt hat.*

Wenn diese Beschreibung auf Sie zutrifft, wenn Sie denken, daß Gott das gute Werk, das er in Ihrem Leben begonnen hat, nicht »vollendet«, dann trösten Sie sich mit folgender Geschichte:

Vor einigen Jahren wurde ich gebeten, eine Platte mit Liedern von mir aufzunehmen. Um eine Vorstellung davon zu bekommen, wie eine Plattenaufnahme abläuft, ging ich schon einige Tage vorher in die Studios, um mitzuerleben, wie die Musiker die letzten Instrumentalbegleitungen aufnahmen. In dem Studio waren einige der besten Musiker von Los Angeles versammelt: Violinisten, Schlagzeuger, Gitarristen, Pianisten und viele mehr.

Als der Arrangeur die Noten austeilte, warfen die Profis einen Blick darüber, probten einmal und gingen dann gleich zur Aufnahme über. Ich war tief beeindruckt, daß sie die komplizierten Stücke vom Blatt spielen konnten. Am meisten überraschte mich, daß ihre Spiele in vollkommener, schöner Musik resultierten.

Aber was dann geschah, überwältigte mich. Während die Toningenieure die fertige Produktion noch einmal abspielten, verließen die meisten Musiker den Raum, um eine Pause zu machen, eine Cola oder einen Kaffee zu trinken und sich die Beine zu vertreten. Die Musik, die sie gerade produziert hatten, schien ihnen völlig gleichgültig zu sein. Ich fand das unglaublich! Wie konnten sie weggehen und nicht hören wollen, wie gut die Stücke in ihrer endgültigen Fassung klangen?

Das Interesse der Musiker an der Musik hatte nachgelassen, weil sie schon Hunderte von anderen Liedern aufgenommen hatten. Was war an diesen hier schon Besonderes? Sie taten ihre Arbeit gut, das war alles.

Im Gegensatz zu diesen Musikern läßt Gott seine Schöpfung nicht allein. Obwohl er schon in vielen tausend Leben gewirkt hat, macht er bei seinem Werk in Ihnen keine Pause. Er schafft etwas Wunderschönes in Ihnen, etwas, das noch viel schöner ist als eine Symphonie. Für ihn ist es nicht einfach ein Job, der getan werden muß. Sein Ruf steht auf dem Spiel, und sein Sohn ist dabei das Vorbild. Gott hat etwas Vollkommenes im Sinn — und zwar Ihre Reife in Christus. Darauf arbeitet er hin.

Also verlieren Sie bitte nicht den Mut, denken Sie nicht, daß Sie in Ihrem Gebetsleben nie so weit kommen, daß Sie sich »auf die Eigenschaften Gottes berufen« können. Geben Sie nicht auf . . . und denken Sie nicht, daß Gott bei Ihnen aufgibt. Er will das Werk des Gebetes, das er in Ihrem Leben begonnen hat, vollenden.

Gott läßt seine Schöpfung nicht allein : . . er macht bei seinem Werk in Ihnen keine Pause. Er schafft etwas Wunderschönes in Ihnen, und sein Sohn ist dabei das Vorbild . . . Sein Ruf steht auf dem Spiel. Gott hat etwas Vollkommenes im Sinn — Ihre Reife in Christus. Darauf arbeitet er hin.

Er wird bei Ihnen sein bis zum Tage Jesu Christi — er wird dabeisein und die dramatische Wirkung Ihrer Gebete hören und sehen.

Nehmen Sie voll Vertrauen Gottes Eigenschaften in Anspruch

Da Gott so wichtig ist, was er in Ihrem Leben tut, können Sie ihn ruhig voller Vertrauen auf sein Wort festnageln und sich auf seine Eigenschaften berufen. David tat das auch. Über seine eigene Sünde und Untreue entmutigt, schrie er zu Gott:
»Denk an dein Erbarmen, Herr, und an die Taten deiner Huld; denn sie bestehen seit Ewigkeit. Denk nicht an meine Jugendsünden und meine Frevel! In deiner Huld denk an mich, Herr, denn du bist gütig« (Ps 25,6—7).
Scheint es etwas unverschämt, Gott an seine Eigenschaften zu erinnern? An seine Versprechen? Ist das anmaßend? Ja, wenn Sie schüchtern sind. Aber bedenken Sie: Gott möchte, daß Sie im Gebet wachsen — er möchte sogar, daß Sie ein mutiger Kämpfer im Gebet werden.
Wie steht es mit Ihnen? Sind Sie bereit, Gott in Ihr Gebet einzubeziehen? Wenn Sie verletzt oder verwirrt sind, dann nehmen Sie

eine von Gottes großartigen Eigenschaften und benutzen Sie sie, wie Spurgeon sagt, »als ... einen großen Rammbock, mit dem wir die Türen des Himmels öffnen können«. Nehmen Sie seine Liebe in Anspruch, erbitten Sie seine Heiligkeit, erinnern Sie ihn an seine Güte, erwähnen Sie seine Langmut, legen Sie ihm seine Macht vor, und beten Sie um seine Treue. Wenn Sie betrübt und traurig über Ihre Sünde sind, dann erinnern Sie ihn an seine Gnade und Güte. Wenn Sie verwirrt sind, lesen Sie ihm seine eigenen Worte aus Sprüche 4 vor. Wenn Sie für Ihr Kind beten, dann bringen Sie Ihr Anliegen vor Gott und erzählen Sie ihm, wie er die kleinen Kinder gesegnet und sich über sie gefreut hat.

Ein letzter Gedanke: Je mehr Sie sich im Gebet auf Gottes Eigenschaften konzentrieren, desto mehr werden diese Eigenschaften auch Teil Ihres Lebens. Konzentrieren Sie sich auf Gottes Güte, und Sie selbst werden gütig werden. Argumentieren Sie mit seiner Weisheit, und Ihnen wird Weisheit geschenkt. Sammeln Sie Ihre Gedanken um seine Heiligkeit, und Sie werden in Heiligkeit wachsen. »Wir alle spiegeln mit enthülltem Angesicht die Herrlichkeit des Herrn wider und werden so in sein eigenes Bild verwandelt, von Herrlichkeit zu Herrlichkeit, durch den Geist des Herrn« (2 Kor 3,18).

Nehmen Sie eine Eigenschaft Gottes und bitten Sie ihn von ganzem Herzen, entsprechend mit Ihnen umzugehen. Nageln Sie ihn in Demut auf seine Versprechen fest. Gott ist erfreut, wenn Sie im Gebet seinen Willen suchen, sein Wesen, seine Ehre — und ja, sein Herz.

Gebetshilfe

Lassen Sie uns einen Moment innehalten und uns über Gottes Wesen freuen! Beten Sie mit mir:

Mein Gott, du bist unendlich mächtig, unendlich liebevoll, grenzenlos gnädig, dein heilbringender Name ist herrlich. Ich erbitte große Dinge von einem großen Gott. Du bist bekannt, aber größer als unser Wissen, du bist offenbart, und doch nicht offenbart. Du bist der allmächtige

Lehrer; nimm unser Denken in deiner Vollkommenheit und Größe in Besitz. Laß uns nie deine Geduld, deine Weisheit, Macht, Treue und Fürsorge vergessen (Valley of Vision, eine Sammlung von Gebeten und Andachten).

Zur Gruppendiskussion

1. Welche Eigenschaften Gottes können Sie auf Anhieb nennen?
2. Auf welche von Gottes Eigenschaften sind Sie am meisten angewiesen?
3. Welche von Gottes Eigenschaften ist Ihnen am liebsten? Wie paßt diese Eigenschaft in Ihr Gebetsleben?
4. Wie kann es in schwierigen Umständen helfen, sich an Gottes Treue zu erinnern?
5. Wie kann man Gottes Eigenschaften als Rammbock im Gebet benutzen?
6. Was sollten Sie tun, um mutiger im Gebet zu werden?

Kapitel 9

Wie Sie Gott in seinen Verheißungen suchen können

Die heiligen Verheißungen, an sich völlig sicher und wertvoll, können nicht zum Trost und Erhalt der Seele dienen, solange Sie sie nicht im Glauben ergreifen, im Gebet erbitten, in Hoffnung erwarten und in Dankbarkeit empfangen.

Charles Haddon Spurgeon

Gott sucht Männer und Frauen, die ihn und sein Wort testen. Seine Versprechen haben keine Hintertürchen. Er freut sich über Menschen, die durch Leiden hindurch das Gute über seinen Namen und sein Wort bestätigen. Gottes Verheißungen sind wie eine »Brechstange«, mit der wir das Lager seiner Gnade aufbrechen können.

In gewisser Weise hat Gott mir genau dazu die Chance gegeben, von meinem Rollstuhl aus. Fünfundzwanzig Jahre sind mittlerweile seit meinem Tauchunfall vergangen, und ich habe ein paar Jahre Übung, was das Testen des Wortes Gottes und Prüfen seiner Güte und Gnade angeht. Wenn ich es zusammenfassen müßte, würde ich mich dem Psalmisten anschließen und sagen: »Deine Worte sind rein und lauter; dein Knecht hat sie lieb« (Ps 119,140).

Was für eine immense Veränderung in meiner Haltung stattgefunden hat! Es gab eine Zeit, in der Gottes Wort mir eine Last war. Ich konnte mich kaum dazu aufraffen, in allen Dingen dankbar zu sein. Es war so mühsam zu denken, daß seine Gnade genügt ...

wenn das tatsächlich bedeutete, daß man seine Gnade im Rollstuhl erleben mußte. Es war so schwer, sich vorzustellen, wie einem alle Dinge zum Besten dienen sollten, wenn ich kein Gutes an meinen nutzlosen Händen und an meinen Füßen, die nicht gehen konnten, sehen konnte.

Aber jetzt hängt der Vers aus Psalm 119,140 über meinem Schreibtisch. Ich liebe Gottes Verheißungen, weil ich erlebt habe, daß sein Wort funktioniert, und ich habe Vertrauen, daß seine Verheißungen mich in der Zukunft durch noch viel mehr schwierige Umstände tragen werden.

Durch die Anfechtung, die ich mit meinem gebrochenen Genick durchlebte, bestätigte Gott in meinem Leben, was in Römer 8,28 steht:»Wir wissen, daß Gott bei denen, die ihn lieben, alles zum Guten führt, bei denen, die nach seinem ewigen Plan berufen sind.« Und sein Plan besteht darin, mich Jesus ähnlicher zu machen. Und das ist gut!

Denken Sie darüber nach. Können Sie einer jener Menschen sein, durch die Gott seine Verheißungen beweisen kann? Haben Sie Ihr Leiden, ob groß oder klein, je als Prüfstein für die biblischen Verheißungen gesehen? Wenn ja, dann hoffe ich, daß Sie mit mir von Herzen sagen können:»Deine Verheißungen sind rein und lauter; dein Knecht hat sie lieb.«

Berufen Sie sich mit großer Gewißheit auf Gottes Verheißungen

Wir können uns mit Gewißheit auf Gottes Verheißungen berufen. Sie müssen nicht zweifeln, wenn Sie beten. Sie brauchen nicht unsicher zu sein über das, was Sie sagen. Sie können sich der Verheißungen Gottes sicher sein. Und das wird Ihnen auch im Gebet Sicherheit geben.

Schauen Sie sich zum Beispiel Salomos Gebet an, das er bei der Tempelweihe sprach:

>»Herr, Gott Israels, im Himmel oben und auf der Erde unten gibt es keinen Gott, der so wie du Bund und Huld seinen Knechten bewahrt, die mit ungeteiltem Herzen vor

ihm leben ... Und nun, Herr, Gott Israels, halte auch das andere Versprechen, das du deinem Knecht David, meinem Vater, gegeben hast, als du sagtest: Es soll dir nie an einem Nachkommen fehlen, der vor mir auf dem Thron Israels sitzt, wenn nur deine Söhne darauf achten, ihren Weg so vor mir zu gehen, wie du es getan hast. Gott Israels, möge sich jetzt dein Wort, das du deinem Knecht David, meinem Vater, gegeben hast, als wahr erweisen« (1 Könige 8,23—26).

Da rede einer von Gewißheit im Gebet! Salomo hatte offensichtlich ein geistliches Tagebuch über die Verheißungen Gottes geführt — über die Verheißungen, die Gott David, seinem Vater, gegeben hatte —, und er nahm Gott bei seinem Ehrenwort.

Wir können uns mit Gewißheit auf Gottes Verheißungen berufen. Beten beseitigt Zweifel.

Und meinen Sie nicht, daß Gott gerne seine großen Verheißungen vor Salomo und seinem Volk erfüllte?

Die Bibel ist voll von Gottes Zusagen und Schwüren, seinen Versprechen und Ehrenworten. Die meisten dieser Versprechungen hat Gott Ihnen gegeben! Er möchte, daß Sie mit Gewißheit beten, wenn Sie diese Verheißungen vor ihn bringen.

Sie können Gott vertrauen

»Sorgt euch um nichts, sondern bringt in jeder Lage betend und flehend eure Bitten mit Dank vor Gott! Und der Friede Gottes, der alles Verstehen übersteigt, wird eure Herzen und eure Gedanken in der Gemeinschaft mit Christus Jesus bewahren« (Philipper 4,6—7).

Vier oder fünf Jahre nach meinem Unfall war ich damit beschäftigt, das Puzzle meines Leidens zusammenzusetzen, indem ich in Gottes Wort nach Antworten forschte. Gott schenkte es, daß mein Herz mehr von ihm fassen konnte. Die Depressionen, unter denen ich gelitten hatte, verschwanden einfach. Natürlich erlebte ich noch einige Rückschläge, war entmutigt und verzagt, aber größtenteils machte ich Fortschritte auf meinem Weg, Gott besser kennenzulernen.

Auf jeden Fall konnte ich Fortschritte sehen, als ich begann, Gottes Verheißungen gemäß zu beten. Lassen Sie mich das erklären.

Vor Jahren machten meine Familie und ich einen Monat lang Campingurlaub in Kanada. Wir mieteten ein Wohnmobil und fuhren weit in die Provinz Alberta hinein, einen wunderschönen Teil der Rocky Mountains. Wir passierten von Gletschern bedeckte Berge, türkisblaue Flüsse, breite Hochtäler; ich saß am offenen Fenster und sog den süßen, frischen Tannenduft ein. Es war fantastisch!

Wir schlugen unser Lager in der Nähe von Jasper am Whistler's Mountain auf. Meine Familie ist sehr naturverbunden und abgehärtet. Sie gehen gerne wandern, reiten und spielen Tennis. Also überraschte es mich nicht, als meine Eltern und meine Schwestern die hohen Felsen, die sich über unserem Lager auftürmten, hochklettern wollten. »Ich bleibe hier«, sagte ich. Ich wollte nicht, daß sie sich schuldig fühlten, mich allein zu lassen. Ich wollte am Zelt bleiben, ein Buch lesen und warten, bis sie zurückkehrten.

Nachdem sie ihre Rucksäcke gepackt hatten, beobachtete ich, wie sie den Pfad hinaufstiegen. Ich freute mich für sie, aber in mir regten sich gemischte Gefühle. Es fiel mir schwer, ruhig dazusitzen, und binnen kurzem fühlte ich, wie Tränen in mir hochstiegen. Sicher hätte ich die Zeit in einem Berg von Selbstmitleid verbringen können, aber ich beschloß, statt dessen mein Problem zum Gebet zu machen. Ich brachte eine Verheißung vor Gott, deren ich mir gewiß war.

Laut sprach ich die Worte aus Philipper 4,6 aus: »Sorgt euch um nichts, sondern bringt in jeder Lage betend und flehend eure Bitten mit Dank vor Gott! Und der Friede Gottes, der alles Verstehen übersteigt, wird eure Herzen und eure Gedanken in der Gemeinschaft mit Christus Jesus bewahren.« Dann begann ich zu beten. Ich sagte: »Herr, ich weiß, daß es dein Wille ist, daß Menschen sich an deiner Schöpfung freuen. Deshalb hast du uns diese Schönheit geschenkt —

die Berge, die Bäume, die Flüsse. Und Herr, ich bin dankbar dafür, wie schön und erfrischend das alles für mich ist. Aber Gott, ich weiß, daß du mich in meinem Menschsein verstehst — du kennst alle meine Gefühle, die ich gerade habe. Und deshalb will ich dir, wie in Philipper 4 beschrieben, mein Anliegen bringen: Bitte bring mir deine Schöpfung nah, Herr. Ich kann nicht hinausgehen, das ist klar, aber ich bitte dich, daß du mich auf besondere Weise in Berührung mit deiner Schöpfung bringst. Und wenn du das tust, nehme ich dich bei deinem Wort . . . ich glaube, daß du mir Frieden schenken wirst, der alles Verstehen übersteigt.

Ich brachte dieses Gebet dar, aber ich hatte keine Ahnung, auf welche Weise Gott es beantworten würde. Vielleicht würde er einen Schmetterling an mir vorbeiflattern oder eine Raupe über mein Knie krabbeln lassen. Alles, was mich an seine Gegenwart und die Nähe seiner Schöpfung erinnert hätte, wäre mir lieb gewesen.

Minuten verstrichen — eine ganze Stunde —, und mein Interesse wandte sich wieder meinem Buch zu. Nach kurzer Zeit war mein Gebet in Vergessenheit geraten. Meine Familie kam von ihrer Wanderung zurück, sie setzten ihre Rucksäcke ab und erzählten mir alles über ihre Unternehmung.

Eine unerwartete Gebetserhörung

An diesem Abend saßen meine Schwester Kathy, mein Vater und ich nach dem Abendessen am Lagerfeuer und sangen Lieder. »Vertrau und gehorche, das ist der einzige Weg . . .« Wir sangen mehrstimmig und hatten viel Spaß.

Auch Sie können sich mit Gewißheit auf Gottes Verheißungen berufen. Nehmen Sie Gott beim Wort. Glauben Sie seinen Versprechen. Erwarten Sie eine große Antwort auf Ihr Gebet.

Während wir sangen, sah ich hinter meiner Schwester, die mir gegenüber saß, etwas, das aussah wie ein großer schwarzer Hund. »Kathy, ich glaube, du hörst besser auf zu singen. Da ist etwas hinter dir.« Sie ignorierte mich und begann mit der zweiten Strophe. »He, halt mal, das ist kein Hund — das ist ein Schwarzbär! Kathy«, flüsterte ich aufgeregt, »hör auf zu singen! Hinter dir ist ein Bär!« Sie sang einfach weiter: »Vertrau und gehorche ...« »Da ist kein Bär hinter mir«, lachte sie, aber sie hörte auf zu singen und drehte sich um. Kathy und der Bär sahen sich an, dann erstarrte sie, gelähmt vor Angst und Aufregung.

Wir saßen mucksmäuschenstill und sahen zu, wie der Bär an dem Baumstamm, auf dem Kathy saß, herumschnüffelte und dann meinen Rollstuhl begutachtete. Er roch an meinen Fußstützen! Er schnüffelte an meinen Jeans. Ich war absolut verängstigt, und doch begeistert.

Meine Schwester Jay, die im Wohnmobil gerade Geschirr abwusch, hörte den Tumult. Schnell öffnete sie die Wagentür und rief: »Bär? Wo?«

Das brachte den Bär in Panik. Er schleuderte herum, warf Kocher, Töpfe und Pfannen um, rannte gegen den Picknicktisch und trollte sich in die Nacht. Meine Schwestern suchten hastig ihre Kameras und rannten ihm hinterher.

Als ich an diesem Abend in meinem Bett lag, dachte ich: *Toll, das war eine erstklassige Antwort auf mein Gebet!* Es war kein Schmetterling, keine Raupe. Es war fast so, als ob Gott mit seinem fantastischen Sinn für Humor sagte:»Du willst meiner Schöpfung näherkommen? Ich bringe dich ihr so nah, wie du es ihr nie wieder sein willst!«

Der Herr hatte einen Grund, mein Gebet auf so großartige Weise zu beantworten. Erstens glaube ich sicher, daß er mir den Frieden, den er in Philipper 4,7 verheißt, geben wollte, aus dem Vers, den ich vor ihm zitiert hatte. Aber zweitens glaube ich, daß Gott mir etwas beibringen wollte. Es war, als ob er sagte:»Nun sieh, Joni, wenn ich eine so kleine Bitte erfüllen kann wie: ›Bring mir deine Schöpfung näher‹, glaubst du nicht, daß ich mich um die ganz tiefen, inneren Einzelheiten deines Lebens kümmere, die Dinge, auf die es wirk-

lich ankommt? Die Einsamkeit, den Schmerz, die Minderwertig-
keitsgefühle?« Während ich im Bett lag, wurde ich mit unbeschreiblichem Frieden erfüllt. Mit dem Frieden, den Gott verheißen hatte.
Auch Sie können sich mit Gewißheit auf Gottes Verheißungen
berufen. Nehmen Sie Gott bei seinem Wort. Glauben Sie seinen
Versprechen. Erwarten Sie eine große Antwort auf Ihr Gebet. Gott
wird Ihnen vielleicht keinen Bären vor die Haustür schicken, aber
wenn Sie das nächste Mal eine Verheißung Gottes vor ihn bringen,
dann erwarten Sie, daß er sie erfüllt.

Gebetshilfe

Es gibt für verschiedene Situationen verschiedene Verheißungen,
auf die wir uns verlassen können. Beten Sie heute eines der folgenden Gebete:

- Eine Verheißung für Frieden: »Sein Sinn ist fest; du schenkst
  ihm Ruhe und Frieden; denn er verläßt sich auf dich« (Jes 25,3).
- Eine Verheißung für Menschen, die deprimiert sind: »Beugt
  euch also in Demut unter die mächtige Hand Gottes, damit er
  euch erhöht, wenn die Zeit gekommen ist. Werft alle eure Sorge
  auf ihn, denn er kümmert sich um euch« (1 Petr 5,6—7)
- Eine Verheißung, wenn Sie versucht werden: »Denn da er selbst
  in Versuchung geführt wurde und gelitten hat, kann er denen
  helfen, die in Versuchung geführt werden« (Hebr 2,18).
- Eine Verheißung, wenn Sie ungeduldig sind: »Ich hoffte, ja ich
  hoffte auf den Herrn. Da neigte er sich mir zu und hörte mein
  Schreien« (Ps 40,2).
- Eine Verheißung, wenn Sie verletzt sind und leiden: »Hoffe auf
  den Herrn und sei stark! Hab festen Mut, und hoffe auf den
  Herrn!« (Ps 27,14).

Zur Gruppendiskussion

1. Wann wurden Sie enttäuscht, weil jemand ein Versprechen nicht
   hielt?

2. Woher wissen wir, daß Gott immer seine Versprechen hält?
3. Wie hat Gott Ihnen in der Vergangenheit seine Treue bewiesen? Wie wirkt sich das Wissen, daß Gott treu ist, auf Ihr Leben und auf Ihr Gebet aus?
4. Welche bestimmte Verheißung der Bibel hat für Sie besondere Bedeutung? Wie hat sie Ihnen geholfen?
5. Wie sollte die Tatsache, daß Gott immer seine Versprechen hält, Ihre Art zu beten in Zukunft verändern?

Kapitel 10

Wie Sie durch die Macht des Namens Jesu Gottes Angesicht suchen können

*». . . der dem Geist der Heiligkeit nach eingesetzt ist als
Sohn Gottes in Macht seit der Auferstehung von den Toten,
das Evangelium von Jesus Christus, unserem Herrn.
Durch ihn haben wir Gnade empfangen . . .«*

Römer 1,4—5

Was ist in einem Namen beinhaltet? Manchmal alles.

Das gewaltigste Wort, das wir je im Gebet benutzen können, ist der Name Jesu. Charles Spurgeon sagte es so: »Das Ausschlaggebende im Gebet des Mannes Gottes ist nicht sein eigener Verdienst, sondern der Name, in dem er betet. Die Heiligen wußten immer, daß darin ihr wichtigstes Argument bestand. Gott selbst hat seine größten Gnadentaten zur Verherrlichung seines Namens getan, und sein Volk weiß, daß in diesem Namen das wichtigste und mächtigste Argument bei Gott liegt.«

Wir benutzen oft den Namen unseres Herrn, wenn wir beten, ohne daß wir uns bewußt sind, wieviel Macht in diesem Namen wirklich liegt. Der Name Christi rettet (1 Joh 2,2). Der Name Christi schützt (Sach 2,5). Der Name Christi schenkt Führung (Jes 9,6). Der Name Christi befreit (Röm 11,26).

Andrew Murray sagte: »Der Name Christi ist der Ausdruck all dessen, was er getan hat, was er ist und was er als Mittler für uns noch tun wird.« Der Name Jesu stellt Christus für uns und vor Gott dar. Wenn wir also in seinem Namen beten, bringen wir unsere Anliegen so vor Gott, als würden sie durch die Ehre, Macht und das Reich Jesu gesprochen.

Der Vater hört und beantwortet solche Gebete — und er beantwortet sie auf vollmächtige Weise.

Um seines Namens willen

Ich rolle gerne durch mein Atelier und experimentiere mit meinen Acryl- und Wasserfarben. In der Vergangenheit habe ich auch viel in Kohle und Pastell gemalt. Um ein guter Maler zu sein, muß ein Künstler die Grundtechniken gründlich gelernt haben, zum Beispiel auch die Aktmalerei.

Zu Beginn meiner künstlerischen Tätigkeit besuchte ich den Zeichenunterricht und nahm Kurse in Aktmalerei; das heißt, ich studierte nackte menschliche Körper. Wenn Sie Menschen malen wollen, wird Ihnen jeder gute Kunstlehrer sagen, daß es absolut wichtig ist, den Knochenbau und die Muskelstruktur zu verstehen und zu wissen, wie sie zusammengehören — wie die Gelenke an der Hüfte bei einer sitzenden Frau gebeugt sind oder wie der Oberkörper eines sich bückenden Mannes aussieht. Das ist entscheidend, wenn man Menschen in Bewegung malen will. Deshalb gehört die Aktmalerei zum Können eines ernsthaften Künstlers.

Ich habe das nie schriftlich mitgeteilt, aber vor einigen Jahren habe ich eine Serie von Akten gemalt. Im Rückblick heute fürchte ich, daß ich die Formen etwas zu extrem dargestellt habe. Die Akte sind ziemlich üppig und lustvoll geraten — vielleicht weil ich damals mit meinem eigenen Selbstbild zu kämpfen hatte. Aber die Zeichnungen waren trotzdem gut, ich hatte Freude daran.

Wie alle meine Zeichnungen unterzeichnete ich auch die Akte mit »Joni, PTL« (Praise the Lord), weil ich Gott die Ehre geben wollte, die ihm gebührte. Meine Motivation war völlig ehrlich und rein. Ich war sogar so begeistert, daß ich die Bilder rahmen ließ, um sie auf einer Ausstellung zu zeigen.

Bei einer meiner ersten Ausstellungen wurden fünf der Akte gezeigt und alle verkauft. Vier gingen an nahe Verwandte und Freunde, einer an eine Frau aus Pennsylvania.

Zweite Gedanken

Zwei Jahre später begann ich mit der Arbeit an meinem ersten Buch, *Joni*, und ich erinnerte mich an diese Aktmalerei. *Hm, ich frage mich, wo dieses Bild ist. Ich kann mir schon ausmalen, was damit passieren könnte. Ich werde im Fernsehen bei einer Talk-Show interviewt, und auf einmal bringt jemand dieses sinnliche Aktbild mit »Joni, PTL« darauf. Wer hat diesen Akt, und wozu wird er benutzt?*

Mir grauste es bei dem Gedanken, daß das Bild möglicherweise mein Zeugnis für Jesus unglaubwürdig machen könnte, nur weil jemand die Motive, aus denen es gemalt worden war, nicht verstehen konnte. Ich hatte wirklich Angst, aber dann las ich folgenden Vers: »Ein fester Turm ist der Name des Herrn, dorthin eilt der Gerechte und ist geborgen« (Spr 18,10).

Also betete ich: »Herr, ich möchte deinem Namen nicht schaden. Die Welt findet schon genug Gründe, deinen Namen anzugreifen, da brauchen Christen wie ich nicht noch Öl ins Feuer zu gießen. Also Herr, wo immer dieses Aktbild ist, verteidige deinen Ruf mit Macht. Herr, bitte schütze es und halte den Eigentümer davon ab, es gegen dich zu benutzen. Ich bete das um deines Namens willen, für deinen Ruf, genauso wie ich dieses Gebet in deinem Namen bete.«

Ich betete in seinem Namen. Die Angelegenheit war erledigt.

Zwei Wochen später erschien ich in »Today«, einer Talk-Show mit Barbara Walters, und alle meine Zeichnungen wurden im Studio gezeigt. Langsam fuhr die Kamera an jedem einzelnen vorbei, und Frau Walters fragte mich, was die Buchstaben PTL zu bedeuten hatten. Ich erklärte, daß sie für »Praise the Lord« standen — das war eine fantastische Chance, landesweit mein Zeugnis im Fernsehen zu geben.

Barbara Walters war freundlich und großzügig. Sie und die Angestellten halfen mir beim Einpacken der Bilder; meine Freunde und ich gingen zum Taxi, luden die Gemälde ein und fuhren zum JFK-Flughafen in New York, um nach Baltimore zurückzufliegen.

Wenn Sie jemals am internationalen Flughafen JFK waren, wissen Sie, daß es dort sogar an ruhigen Tagen zugeht wie in einem Bienenkorb. Dutzende von Terminals und unzählige Flugzeuge. Der Verkehr in New York City an diesem Morgen war chaotisch, und wir eilten durch die Sicherheitszone, schon zu spät für unseren Flug. Meine Gemälde wurden durchgecheckt, und wie üblich kam eine der Sicherheitsbeamtinnen und tastete meine Arme, Taille und Beine ab.

Als die Beamtin mich anschaute, bekam ihr Gesicht einen neugierigen Ausdruck, und sie fragte mich: »Waren Sie nicht heute morgen in der Talk-Show im Fernsehen?«

»Ja, das stimmt.«

»Ich muß Ihnen etwas erzählen«, fuhr sie fort. »Vor ein paar Jahren hat mir meine Mutter eine Ihrer wunderschönen Malereien geschenkt.«

Ich dachte, sie spräche von einem Druck oder einer Kopie, also sagte ich: »Oh wirklich? Welches Bild war es?«

Sie lächelte. »Meine Mutter, sie lebt in Pennsylvania, kaufte eine Aktzeichnung in Kohle von Ihnen, und mein Mann und ich sind sehr stolz darauf. Sie hängt in unserem Badezimmer. Für uns ist es eines der besten Kunstwerke, die wir je gesehen haben.«

Ich war sprachlos. »Das kann ich kaum glauben!« rief ich, während wir den Gang entlang zum Flugzeug hasteten. Da leben zig Millionen Menschen zwischen Baltimore und New York City — und Gott brachte mich genau mit der Person in Kontakt, die mir auf dem Herzen lag!

Ich hatte keine Zeit, mir die Adresse oder Telefonnummer der Sicherheitsbeamtin geben zu lassen, aber ich werde nie ihre Worte vergessen, die sie mir beim Abschied sagte: »Wir lieben Ihre Zeichnung und werden gut darauf aufpassen. Wir lieben Sie!«

Eine wahrlich gewaltige Antwort auf mein Gebet. Meine Erwartung ging dahin, daß Gott in seiner Allwissenheit jenes Bild in seine Obhut nehmen würde, egal wo es sich befinden mochte. Sein guter Name stand auf dem Spiel und in gewisser Weise auch mein Zeugnis. Ich hatte mit seinem Namen im Sinn gebetet — aber ich hätte kaum erwartet, daß Gott mich mit der Eigentümerin des Bildes bekannt machen würde!

Das Maß, in dem wir an Gottes Macht glauben,
hängt davon ab, wie gut wir seinen Namen kennen.

Diese kleine Geschichte erinnert mich daran, daß Gott seine größten Gnadentaten zur Ehre seines Namens tun wird. Wenn unser Herzensanliegen im Gebet seine Ehre ist, wird Gott gerne unsere Gebete beantworten und beweisen, daß er seinen gerechten Ruf bewahrt. Sie und ich haben das schon hundertmal ausgedrückt mit den Psalmworten: »Er leitet mich auf rechten Pfaden, treu seinem Namen« (Ps 23,3).

Das Maß, in dem wir an Gottes Macht glauben, hängt davon ab, wie gut wir seinen Namen kennen. Der Psalmist sagte: »Darum vertraut dir, wer deinen Namen kennt« (Ps 9,10). Ähnlich hängt der Sieg in schwierigen Situationen von der Macht seines Namens ab: »Mit dir stoßen wir unsere Bedränger nieder, in deinem Namen zertreten wir unsere Gegner« (Ps 44,5).

Im Gebet stehen wir mutig vor Gott . . . aber nur im Namen Jesu. Im Gebet haben wir Vollmacht über die geistlichen Kräfte der Dunkelheit . . . aber nur auf der Grundlage seines Namens. Durch unsere Gebete haben wir Vollmacht, in menschliche Situationen einzugreifen . . . aber nur, wenn wir in Demut die Vollmacht Jesu Christi, unseres Herrn, einsetzen, des Namens, der über alle Namen ist.

Ihr Leben, Ihre Gebete werden vollmächtig sein, wenn Sie im Namen Ihres Herrn leben und sprechen.

Gebetshilfe

Der Name Christi hat Vollmacht. Vielleicht fühlen Sie sich schwach im Gebet, aber Tatsache ist, daß, wenn Sie im Namen Jesu beten, Ihre Fürbitten und Bitten in Vollmacht vor den Thron des Vaters in der unsichtbaren Welt kommen.

Manchmal ist es gut, wenn Sie Ihr Gebet singen! Nehmen Sie die Worte des folgenden bekannten Liedes und machen Sie sie zu Ihrem Gebet. Preisen Sie Gott für seinen großen Namen:

> Der Herr ist König, hoch erhöht,
> er gürtet sich mit Majestät,
> er herrscht, und vor ihm steht die Welt
> unwandelbar, da er sie hält.

Wenn alles wankt, dein Zeugnis nicht,
du hältst, was deine Huld verspricht;
drum sucht dein Volk, das sich dir weiht,
hier seinen Schmuck in Heiligkeit.

(Evang. Kirchengesangbuch, Nr. 413)

Zur Gruppendiskussion

1. Wer sind die mächtigsten Menschen auf der Welt?
2. Wann fühlen Sie sich machtlos? Welche Macht hat Christus über diese Situation?
3. Wie würden Sie einem Kind erklären, warum Sie Ihr Gebet im Namen Jesu abschließen?
4. Wie können Sie Christi Vollmacht im Gebet in Anspruch nehmen?
5. Was kann uns im Gebet ermutigen? Wie können schüchterne Menschen mutig beten?

Kapitel 11

Wie Sie Gottes Angesicht suchen, wenn Worte nicht mehr ausreichen

Wenn du betest, dann laß es lieber zu,
daß dein Herz keine Worte hat, als daß deine Worte
kein Herz haben.

John Bunyan

Es geschieht nicht oft, daß mir die Worte fehlen. Aber als ich einen Brief von einem Mann namens Steve bekam und seine unglaubliche Geschichte las, war ich wirklich sprachlos. Steve, ein Agent des Rauschgiftdezernats, war seit vier Jahren gelähmt, nachdem er während seines Dienstes in den Nacken geschossen worden war. Er schrieb:»Es fällt mir schrecklich schwer, mich an meine Situation zu gewöhnen. Ich brauche wirklich dringend ein paar ermutigende Worte.«

Ich wußte: Ich sollte Steve anrufen und zumindest versuchen, ihm ein paar aufbauende Worte zu sagen, die er so dringend benötigte. Als ich am Telefon war, bemerkte ich, daß Steve mit einer Beatmungsmaschine atmete. Er sagte ein paar Worte, dann machte er eine Pause, um durch den Inhalator Luft zu holen. Rasch beendete er seine Sätze und hielt wieder inne, um zu atmen.

Ich habe schon mit vielen Tetraplegikern, Menschen, die an Atemlähmung leiden, wie Steve gesprochen, und ich finde so ein

Atemgerät nicht sehr störend, aber in diesem Moment mußte ich denken: *Kein Wunder, daß er Probleme hat, sich an seine Situation zu gewöhnen, wo er soviel verloren hat.*

Mir fehlten die Worte. Und das sagte ich Steve auch. Wir waren uns allerdings einig, daß es Momente gibt, in denen man keine Worte braucht. Er verstand, daß ich in gewisser Hinsicht wußte, was er durchmachte. Bevor wir auflegten, betete ich mit ihm. Er stand vor einer Operation, in der ihm ein Nerv implantiert werden sollte, damit er wenigstens selbständig atmen konnte. Aber auch nach der Operation wird er noch zu kämpfen haben. In seinem Brief schrieb er:»Das pure Existieren ist schon ein Kampf.«

Mich bewegt, daß Steve Verständnis dafür hatte, daß mir die Worte fehlten. Manchmal ist es einfach nicht möglich, ehrliche, konkrete Worte der Ermutigung zu finden. Aber als ich seinen Brief noch einmal durchlas, kam mir ein Vers aus dem Römerbrief in den Sinn:»So nimmt sich auch der Geist unserer Schwachheit an. Denn wir wissen nicht, worum wir in rechter Weise beten sollen; der Geist selber tritt jedoch für uns ein mit Seufzen, das wir nicht in Worte fassen können« (Römer 8,26).

Wenn Schmerz tiefer ist, als Worte es ausdrücken können

Manchmal gehen Verletzungen fast zu tief. Wir werden von Depressionen gepackt. Die Angst verschließt unsere Gedanken. Wir können keinen klaren Gedanken mehr fassen. Sicher haben Sie sich schon einmal so gefühlt.

In solchen Momenten bin ich sehr erleichtert, daß Gott mein Herz kennt. Er weiß, was im tiefsten Inneren von Steve vorgeht. Gott kann sich ausstrecken und Ihr leidendes Herz in seine Liebe einhüllen, auch wenn Sie selbst zu schwach sind, um geeignete Worte zu finden.

In Hebräer 4,13 wird es so beschrieben:»Vor ihm bleibt kein Geschöpf verborgen, sondern alles liegt nackt und bloß vor den Augen dessen, dem wir Rechenschaft schulden.«

Wenn Sie und ich so sehr von inneren Schmerzen gequält sind, daß wir es nicht einmal mehr ausdrücken können, ist es da nicht tröstlich zu wissen, daß Gott diese Qualen mit uns durchlebt? Seine Hand liegt am Puls Ihres leidenden Herzens, sie spürt auch die kleinste Regung Ihrer Gefühle. Auf diese sanfte und zärtliche Weise geht Gott auch gerade jetzt mit Steve um. Und genauso hört Gott Sie in Ihrer Schwachheit. Egal, was Sie durchmachen, Gott weiß nicht nur darum, sondern er kümmert sich darum und plant bereits, wie er Ihnen am besten helfen und Sie heilen kann.

Gott kann sich ausstrecken und Ihr leidendes Herz in seine Liebe einhüllen, auch wenn Sie selbst zu schwach sind, um geeignete Worte zu finden.

Gott wird Ihnen beten helfen

Kein Mensch kennt unsere tiefsten Sehnsüchte so gut wie Gott. Und wenn wir zu schwach sind, für uns selbst zu beten, dann findet Gott die richtigen Worte für uns.

Sicher haben Sie es schon bemerkt, daß Charles Spurgeon einer meiner Lieblingsautoren ist. Mir gefällt, wie er Gottes Handeln in unserem Gebet beschreibt:

»Es ist ein Zeichen einer wundersamen Herablassung, daß Gott nicht nur unsere Gebete beantwortet, wenn sie ausgesprochen sind, sondern daß er für uns unsere Gebete formuliert. Wenn der König zu dem Bittsteller sagen würde: ›Bringe dein Anliegen vor, und ich werde dir deinen Wunsch erfüllen‹, ist das Freundlichkeit. Aber wenn er sagt: ›Ich werde dein Sekretär sein. Ich werde deine Bitte formulieren und aufschreiben. Ich werde sie in die passenden Worte fassen, damit sie eine akzeptable Form hat‹, dann ist das Güte, wie sie größer nicht sein könnte. Aber genau das ist es, was der Heilige Geist für uns arme, unwissende, wankelmütige, schwache Menschen tut. Jesus wurde in seinem Leiden von einem Engel gestärkt; Sie sollen direkt von Gott Hilfe bekommen. Aaron und Hur hielten Moses Hände nach oben, aber nun hilft Ihnen der Heilige Geist selbst in Ihrer Schwachheit.

Er hört zu wie ein Vater

Es gibt nichts, was die Seele eines liebenden Vaters so anrührt wie der Ruf seines Kindes. Welcher liebende Vater oder Mutter kann dem Schreien seines oder ihres Babys widerstehen? In Psalm 5,2—3 beginnt David sein Gebet mit den Worten:»Höre meine Worte, Herr, achte auf mein Seufzen! Vernimm mein lautes Schreien, mein König und mein Gott, denn ich flehe zu dir.« David steckte bis über beide Ohren in Schwierigkeiten, sein Herz schlug wild vor Angst, und er wollte, daß Gott sein Schreien hörte.

Klingt das den Eltern unter den Lesern vertraut? Als Eltern müßten Sie am besten verstehen, wie wichtig Gott die Schreie seiner Kinder sind. Wenn Ihr Baby oben im Kinderzimmer in seinem Bettchen liegt und schreit, wissen Sie sofort, was da nicht stimmt. Am Klang des Schreiens hören Sie, ob Ihr Kind zornig ist, ob es gerade aufwacht, ob es Hunger hat oder ob ihm etwas weh tut. Obwohl es nicht sprechen kann, hat ein Baby viele Möglichkeiten, sich seinen Eltern mitzuteilen.

Jemand sagte einmal, daß Gebet der hilflose Schrei des Kindes sei, der an das aufmerksame Ohr des Vaters dringt. Wenn unser Gebet wie ein Schrei aufsteigt, weiß Gott genau, wo unsere Not ist. Er weiß, ob unser Rufen ein dringendes Gebet um Hilfe ist oder ein Gebet voll entmutigtem Seufzen. Vielleicht ist es auch ein herzerfrischendes Gebet voll Dankbarkeit. Ähnlich wie eine Mutter oder ein Vater schenkt Gott unserem Schreien Beachtung.

Und denken Sie daran: Gott tut mehr, als lediglich unsere Worte zu hören — er liest in unseren Herzen. David sagte:»Achte auf mein Seufzen!« Herzen seufzen. Und unser Vater freut sich daran, auf dieses Flüstern und Seufzen zu hören, das ihm sagt, daß unsere Herzen Hilfe brauchen.

Gott versteht unser Stöhnen

Vor nicht allzulanger Zeit war ich bei einem außerordentlichen, olympischen Treffen. Eine junge Frau mit Gehirnlähmung kam im Rollstuhl auf mich zu. Immer und immer wieder stöhnte sie ein paar Worte vor sich hin. Obwohl ich sie mehrmals bat, den Satz zu wiederholen, konnte ich nicht verstehen, was sie sagte. Ich wußte nicht zu sagen, ob sie tiefe Probleme hatte oder ob sie versuchte, mir von einem freudigen Erlebnis zu erzählen.

Ich fühlte mich hilflos, weil ich sie nicht verstand. Schließlich kam ein Freund vorbei und half mir zu enträtseln, was sie sagte — die Frau im Rollstuhl mußte zur Toilette! Ich fühlte mich furchtbar. Ich hatte ihr nicht helfen können, weil ich sie nicht verstand. Ich konnte die Stimme ihres Schreiens nicht verstehen, die Bedeutung hinter ihrem Stöhnen nicht ausmachen.

Wäre es nicht schrecklich, wenn wir unsere Nöte nicht verständlich mitteilen könnten? Wenn niemand da wäre, der uns verstehen könnte? Oft scheinen wir in so einer Zwangslage zu sein — wir wissen nicht, wie wir beten sollen. Das Beste, was wir noch zustande bringen, ist, einfach zu weinen: Unsere Tränen sind wie flüssige Gebete. Vielleicht fällt es uns schwer, unser Stöhnen und Seufzen einer anderen Person gegenüber auszudrücken, aber derjenige, der die Herzen erforscht, weiß darum und versteht. Für Gott ist unser Stöhnen verständlich.

Wenn wir nicht wissen, wie wir für andere beten sollen

Unser Dienst bei dem Verein *Joni und Freunde* ist ein Dienst an behinderten Menschen, Menschen, die an Gehirnlähmung leiden, geistig zurückgeblieben sind, Wirbelsäulenverletzungen, Muskelmangelerscheinungen oder Multiple Sklerose haben. Wenn ich für diese Menschen bete, dann erinnere ich Gott daran, wie sehr Christi Herz voll Erbarmen, nicht purem Mitleid war, wie es ihn berührte, wenn er blinden Menschen begegnete. Traf er taube oder gelähmte Menschen, war er angerührt und voller Liebe für sie.

Ich bin sicher, daß viele jener Menschen nicht fähig waren, in Worte zu fassen, was sie fühlten, als sie Jesus trafen. Aber er ging auf jede unausgesprochene Bitte ein; er rührte sie mit seiner Liebe an, auch wenn sie kein einziges Wort sprachen.

Und genauso betete ich mit Steve, meinem Freund mit dem Rollstuhl und dem Atemgerät. Ich selbst konnte vielleicht die Regungen seines leidenden Herzens nicht entziffern, aber ich wußte, daß Gott ihn verstand; Gott konnte seinen Nöten begegnen.

Wenn ich also in meinem Dienst *Joni und Freunde* für Menschen bete, erinnere ich Gott daran, daß diese Personen genauso seine Liebe brauchen wie damals, als Jesus auf der Erde war. Ich bringe die Leiden des Volkes Gottes vor seinen Thron und erinnere den Vater daran, daß Jesus sich um Einzelpersonen kümmerte, die von innerem Schmerz und Einsamkeit zerrissen wurden. Ich erinnere den Vater an das Erbarmen Christi für jene, die verloren und verwirrt sind. Auch wenn ich die genauen Lasten nicht kenne, die meine Mitchristen zu tragen haben — Gott kennt sie.

Gebetshilfe

Suchen Sie in Ihrer Erinnerung nach den bedeutungsvollsten Zeiten, in denen ein treuer Freund Sie durch tiefen Schmerz hindurch tröstete. Vielleicht waren Sie nicht fähig, Ihren Schmerz richtig auszudrücken, aber erinnern Sie sich noch daran, wie Ihr Freund oder Ihre Freundin Sie umarmte? In Ihre Augen sah? Mit Ihnen weinte? Erinnern Sie sich noch an die Worte, die genau in Ihre Situation paßten? Wird es Ihnen bei dieser Erinnerung nicht ganz warm ums Herz?

Und nun übertragen Sie diese Erinnerung auf Ihre Beziehung zu Ihrem himmlischen Vater. Stellen Sie sich einen Moment lang sein Mitleid und Erbarmen vor, wenn er Ihr Seufzen hört in Momenten, in denen Sie zu schwach sind, Ihr Leid in Worte zu fassen. Überlegen Sie, wie schnell er auf Ihr Schreien antwortet.

Zur Gruppendiskussion

1. Wann waren Sie in Situationen, wo jemand bei Ihnen war, der litt, und Sie wußten nicht, was Sie sagen sollten?
2. Warum scheint es schwierig, Ihre tiefsten Gefühle vor Gott auszuschütten? Warum ist es schwierig zu beten, wenn Sie nicht wissen, was Sie sagen sollen?
3. Wie spüren liebevolle Eltern, wenn ein Kind etwas braucht und nicht weiß, wie es seine Not ausdrücken soll? In welcher Weise könnte das ähnlich sein, wie Gott auf unseren Schmerz hört?

4. Wenn wir wissen, daß Gott uns hört und versteht, wenn wir keine Worte finden, wie sollten wir dann beten?

5. Auf welche Weise könnten Sie Gott Ihre Gefühle mitteilen, wenn Sie sie nicht in Worte fassen können?

Kapitel 12

Wie Sie im Namen Jesu Gottes Angesicht suchen

*Wie andere vor mir habe ich für Heilungen,
für Wunder, für Führung und Hilfe gebetet. Ehrlich gesagt gab
es Zeiten, in denen ich sicher war, daß Gott mir antworten würde,
weil ich so starke Gefühle des Glaubens aufgebracht hatte.
Aber viele Male geschah nichts — oder wenn es geschah,
dann war es völlig anders als das, was ich
erwartet hatte ... Es ist eine Tatsache, daß mein Gebetsleben
nicht direkt mit den Ergebnissen verknüpft werden kann,
die ich erwarte oder fordere. Mittlerweile habe ich vielfach
Gelegenheit gehabt zu sehen,
daß die Dinge, die Gott als Antwort auf mein Gebet meiner
Meinung nach tun soll, möglicherweise ganz ungesund
für mich sind. Ich habe begonnen zu verstehen, daß Anbetung und
Fürbitte vielmehr ein Vorgang sind, in dem ich mich
dem Willen Gottes anpasse,
als daß ich ihn bitte, sich meinem Willen anzupassen.*

Gordon MacDonald

»In Jesu Namen ... sei geheilt!«

Sie können sich vielleicht vorstellen, wie solche Worte von Fernsehpredigern mein Interesse weckten, während ich völlig gelähmt im Bett lag. Und was mich noch mehr interessierte als die Worte eines Predigers, war das, was die Bibel zum Thema Heilung zu sagen hatte. Ich wollte mit aller Gewalt aus meinem Rollstuhl herauskommen!

Beim Bibelstudium beeindruckte mich, daß Jesu nie an jemandem vorbeiging, der Heilung brauchte. Er öffnete die Augen der Blinden und die Ohren der Tauben und richtete sogar den Gelähmten auf.

Was mich außerdem beeindruckte, waren die Bibelabschnitte, die scheinbar anzeigten, daß Jesus alles, worum ich bat und was in Gottes Willen war, tun würde. Eine Bitte um Heilung schien mir vereinbar mit Gottes Willen, und einer meiner Lieblingsabschnitte war Johannes 16,23—24: »An jenem Tag werdet ihr mich nichts mehr fragen. Amen, amen, ich sage euch: Was ihr vom Vater erbitten werdet, das wird er euch in meinem Namen geben. Bis jetzt habt ihr noch nichts in meinem Namen erbeten. Bittet, und ihr werdet empfangen, damit eure Freude vollkommen ist.«

Also begann ich, in Jesu Namen um Heilung zu beten. Ich gebrauchte Beispiele, wo Gott in der Vergangenheit für andere gesorgt hatte. »Jesus Christus ist derselbe, gestern, heute und in Ewigkeit«, erinnerte ich Gott (Hebr 13,8). »Und damals hat Jesus geheilt. Das heißt, daß er auch jetzt heilen kann. Also Herr, damit du verherrlicht wirst, richte mich auf.«

Um zu beweisen, daß ich wirklich glaubte, rief ich meine Freunde an und sagte: »Hallo, das nächste Mal, wenn ihr mich seht, werde ich wieder auf den Beinen sein.« Ich besuchte sogar ein paar »Heilungs«-Gottesdienste. Ich war überzeugt, daß meine Heilung Gottes Plan entsprach und daß er mich wieder aufrichten würde, zur Verherrlichung seines Namens. Und das Beten in Jesu Namen schien quasi das Siegel auf mein Schicksal zu setzen.

Aber nichts geschah. Tage, Wochen vergingen. Ich betrachtete meine Arme und Beine, als gehörten sie nicht zu mir, und dachte: »Du bist geheilt, Körper!« Aus irgendeinem Grund erreichte diese Botschaft meine Finger und Füße nicht. Mein Verstand sagte: »Bewegt euch!«, aber nichts geschah.

Gottes Antwort auf Gebet

Ich verstand das nicht. Versprach Gottes Wort nicht, daß ich in Jesu Namen um alles bitten konnte und daß es mir geschenkt würde, damit meine Freude vollkommen sei? Sicher wußte Gott doch, daß ich über meine Heilung überglücklich wäre. Dann überlegte ich, ob ich die Bibel vielleicht nicht genau genug erforscht hatte. Da führte mich Gott zurück zum Hebräerbrief, dem Buch, in dem ich den wunderbaren Vers gefunden hatte, daß er gestern, heute und in Ewigkeit derselbe ist.

Im elften Kapitel des Hebräerbriefes fand ich die Schilderung der großen Glaubenshelden — siebzehn Frauen und Männer, die aufgrund ihres Glaubens, der Gott ehrte und gefiel, Wunder erlebten.

Menschen wie Noah, Abraham, Isaak, Jakob, Joseph und andere. Diese Leute eroberten Königreiche, erlangten, was verheißen worden war, verschlossen Löwen das Maul, entflohen dem Schwert und erlebten, wie Tote wiederauferstanden.

Aber dann bemerkte ich einen interessanten Wechsel, der durch ein kleines Wort in Vers 36 eingeleitet wurde: »andere«. Andere wurden gefoltert; sie wurden verhöhnt und ausgepeitscht. Andere wurden in Ketten gelegt und eingekerkert. Sie wurden gesteinigt. Diese Heiligen hatten genausoviel gottgefälligen Glauben wie jene, die weiter oben im Kapitel aufgezählt wurden — aber sie erlebten keine Wunder.

Ich verstand, daß ich wahrscheinlich zu jenen gehörte, die Glauben hatten, aber auch ein Leben voll Anfechtung und Tiefschlägen. Mich trösteten die Worte in Hebräer 11,39—40: »Doch sie alle, die aufgrund des Glaubens von Gott besonders anerkannt wurden, haben das Verheißene nicht erlangt, weil Gott erst für uns etwas Besseres vorgesehen hatte; denn sie sollten nicht ohne uns vollendet werden.«

Gott hatte einen besseren Plan für mich. Ich begann zu sehen, daß meine Heilung nicht körperlich, sondern geistlich war. Durch mein Suchen lernte ich mehr über Gott, und darin bestehen sowieso die meisten seiner Antworten. Ich lernte, daß Jesus gestern, heute und in Ewigkeit derselbe ist: immer gerecht, immer heilig, immer voller Liebe, immer sensibel, immer geduldig. Er hat sich nie geändert, und er wird sich nie verändern.

In Jesu Namen beten

Aber was ist mit dem Vers aus Johannes 16? Wie steht es mit dem Beten in Jesu Namen? War das keine Garantie?

Ich glaube, ich benutzte die Verheißung: »Was ihr vom Vater erbitten werdet, das wird er euch in meinem Namen geben« als eine Art Freikarte im Gebet. Ich ging davon aus, daß es Gottes Wille war, mich wieder auf die Füße zu bringen. Aber offensichtlich beinhaltete Gottes Wille etwas Größeres, und ja, sogar Besseres. *Es hat mich Jahre gekostet, das zu verstehen, aber die tiefe und anhaltende Freude, die ich erlebe, hat bei weitem die Freude übertroffen, die ich über meine Heilung empfunden hätte.* Und das alles liegt daran, daß ich endlich gelernt habe, was es bedeutet, in Jesu Namen zu beten.

In Christi Namen zu beten heißt in einer Weise zu beten, die mit seinem Charakter und seinem Leben übereinstimmt. Und im Leben Jesu finden wir gute Beispiele, welche Arten von Bitten wir in unser Gebet einschließen können.

Ich nahm zum Beispiel an, daß ein Gebet um Heilung in seinem Namen in Form eines wiederhergestellten Körpers beantwortet werden würde. Aber Gott hatte eine andere Art Heilung im Sinn — eine geistliche Heilung.

Wir gehen davon aus, daß es Gottes Wille ist, daß wir einen reinen und guten Ruf haben, aber sehen Sie sich Jesus an — er wurde verhöhnt, verlacht und wurde zu einer traurigen Berühmtheit! Wir sind vielleicht davon überzeugt, daß es Gottes Wille für uns ist, ein neues, größeres Haus zu haben, aber Jesus hatte nie ein echtes Zuhause und noch nicht einmal einen Platz, wo er schlafen konnte. Wir denken, daß Worte wie *Leiden* und *Enttäuschung* aus dem Vokabular des Christen gestrichen werden sollten, aber Jesus *war* ein Mann der Schmerzen, ihm war das Leid wohlbekannt.

Verstehen Sie? Wenn wir in Jesu Namen beten, sollten wir Dinge erwarten, die seinem Namen entsprechen: Frieden, Geduld, Selbstbeherrschung, Geduld, Freundlichkeit, Sensibilität. Wir beten vielleicht um finanziellen Reichtum, eine neue Karriere, Erfolg bei dem anderen Geschlecht oder körperliche Heilung, aber Gott will uns möglicherweise etwas noch Wertvolleres schenken, etwas, das seinem Wesen und Namen noch viel mehr entspricht.

Wenn wir in Jesu Namen beten, sollten wir Dinge erwarten, die seinem Namen entsprechen: Frieden, Geduld, Selbstbeherrschung, Geduld, Freundlichkeit, Sensibilität.

Seine Gegenwart. Seine Perspektive. Seine Geduld. Seinen tiefen und anhaltenden Frieden inmitten von Tumult und Schmerz und Einsamkeit und Enttäuschung. Will Gott uns Gesundheit und einen erstklassigen Ruf geben? Treue Freunde? Eine neue Arbeitsstelle? Einen Partner? Sicher. Dann wieder kann Gott Ihnen Freude schenken, wie er in Johannes 16,24 versprochen hat. Mit seiner Freude sind Sie vollkommen, egal wie die Umstände aussehen.

Weitere Gedanken zum Beten in seinem Namen

Schauen Sie sich noch einmal Johannes 16,23 an: »Was ihr vom Vater erbitten werdet, das wird er euch in meinem Namen geben.« Als Jesus seinen Jüngern diese Worte sagte, zeigte er ihnen eine neue Perspektive, aus der sie mit ihren Nöten umgehen sollten. Er lehrte sie, wie sie suchen sollten. Wenn wir lesen: »..., das wird er euch geben«, was mehr könnten wir wollen als das, was der Vater uns geben will? Bedenken Sie: »Der Herr versagt denen, die rechtschaffen sind, keine Gabe« (Ps 84,12). Und vergessen Sie nicht Jakobus 1,17: »Jede gute Gabe und jedes vollkommene Geschenk kommt von oben, vom Vater der Gestirne, bei dem es keine Veränderung und keine Verfinsterung gibt.«

Wenn wir »in seinem Namen« bitten, bitten wir um all das, was Christus durch seinen Tod und seine Auferstehung erkauft und verheißen hat. Und wozu haben wir durch seinen Tod Zugang? Der Herr »hat uns mit allem Segen seines Geistes gesegnet durch unsere Gemeinschaft mit Christus im Himmel« (Eph 1,3). Wenn wir in seinem Namen beten, können wir uns seiner Antwort sicher sein: Gott wird uns mit jedem geistlichen Segen segnen. Das ist doch eine großartige Antwort auf unser Gebet!

Und noch einmal Johannes 16,24: »Bis jetzt habt ihr noch nichts in meinem Namen erbeten.« Bis zu diesem Punkt hatten seine Jünger um nichts gebeten, das vergleichbar mit dem war, was jetzt über sie ausgegossen wurde. Durch Tod und Auferstehung war der Herr bereit, seinen Geist auszugießen und größere Gaben zu geben, als irgend jemand sich vorstellen konnte. Vielleicht hatten die Jünger vorher schon gebetet, aber nie hatten sie im Namen Christi und im Bewußtsein dessen gebetet, was sein Name beinhaltete.

»Bittet, und ihr werdet empfangen, damit eure Freude vollkommen ist« (Joh 16,24). Denken Sie noch einmal darüber nach — ist nicht Freude das, was sie letztendlich wünschen, egal, was Ihr konkretes Anliegen ist? Ob Sie für sich selbst oder für einen Freund beten, suchen Sie nicht letzten Endes immer Freude? Nun, Freude ist verheißen. Freude ist eine jener geistlichen Segnungen, die Gott über Sie ausgießen möchte. Wir werden aufgefordert, im Gebet hohe Ziele zu verfolgen, zu erwarten, daß wir Freude empfangen. Freude in Fülle gehört uns, wenn wir ohne Unterlaß beten. »Freuet euch zu jeder Zeit! Betet ohne Unterlaß!« (1 Thess 5,16—17).

Und das ist eine zuverlässige, positive Antwort auf unser Gebet. Egal, in welchen Umständen Sie sich befinden, will Gott Ihnen Freude schenken. Sie ist das großartigste und höchste Ergebnis, wenn wir in seinem Namen beten.

Wenn wir in seinem Namen beten, können wir uns seiner Antwort sicher sein: Gott wird uns mit jedem geistlichen Segen segnen. Das ist doch eine großartige Antwort auf unser Gebet!

Gebetshilfe

Als Jesus seine Nachfolger einlud, in seinem Namen zum Vater zu gehen, sprach er von einer völlig neuen Beziehung. Zuvor hatten sich die Menschen mit Vorsicht und Angst durch die Priester als Mittler Gott genähert. Aber seit der Auferstehung Jesu können alle Gläubigen persönlich mit Gott reden, — direkt, — jederzeit.

Um einen klaren Begriff davon zu bekommen, was es heißt,»in Jesu Namen« zu Gott zu gehen, lassen Sie uns den Abschnitt in Johannes 15 als persönliches Gebet sprechen. Sprechen Sie einfach mit mir:

Jesus, du bist der Weinstock, und unser Vater ist der Winzer . . . Ich bin schon rein durch das Wort, das du zu mir gesagt hast. Ich bleibe in dir, und du bleibst in mir, denn als Rebe kann ich keine Frucht aus mir selbst bringen; ich muß in dir, dem Weinstock, bleiben . . . Ohne dich kann ich nichts tun. Wie deine Worte in mir bleiben und ich in dir bleibe, kann ich um alles bitten, und du wirst es mir geben. Dadurch wirst du verherrlicht. Und das ist deine Ehre — daß ich viel Frucht bringe und mich als dein Jünger erweise. In deinem Namen, Amen.

Das ist eine fantastische Art zu beten — benutzen Sie Schriftstellen und machen Sie ein persönliches Gebet daraus!

Zur Gruppendiskussion

1. Wann haben Sie auf bestimmte Art und Weise gebetet und dann erlebt, daß Gott Ihr Gebet auf andere Weise beantwortet hat?
2. Haben Sie schon einmal mit ernsthaftem und sicherem Glauben um Heilung gebetet und nichts ist geschehen? Welche Antwort haben Sie Ihrer Meinung nach in Wirklichkeit empfangen?
3. Wie könnte Leiden und Enttäuschung eine Art der Antwort sein, die Gott auf Gebet gibt?
4. Was bedeutet für Sie Freude in Fülle? Wann haben Sie reine Freude erlebt? Wodurch unterscheidet sich Freude von Frieden oder Glücklichsein?
5. Wie können Sie auf eine Art und Weise beten, die mit Jesu Wesen und Leben in Einklang ist?
6. Was bedeutet das Beten in Jesu Namen für Sie wirklich?

Teil 3

Weitergehen im Lobpreis

Kapitel 13

Wie Sie durch Lobpreis Gottes Angesicht suchen

Laß Lobpreis — ich sage nicht nur Dank, sondern Lobpreis — immer einen Bestandteil deines Gebetes sein. Wir danken Gott für das, was er für uns ist; für die Wohltaten, die er uns erweist; und die Segnungen, mit denen er uns begegnet. Aber wir preisen ihn für das, was er in sich selbst ist, für seine herrliche Vortrefflichkeit und Vollkommenheit, unabhängig von ihren Auswirkungen auf das Wohlsein der Schöpfung.

Edward M. Goulburn

Es geschieht nicht oft, daß ich nur mal so in der Bibel blättere, aber kürzlich stieß ich auf diese Weise auf eine interessante Geschichte im Kapitel 21 des Buches Numeri.

Ich las, wie die Israeliten nahe der Grenze zu Moab durch die Wüste reisten (Num 21,10 ff.). Bestimmt kein angenehmer Ort, die Wüste. Sie waren durstig. Die Israeliten hatten nur einen Gedanken im Kopf: *Wir brauchen Wasser, aber wir wollen keine Schlangen.* Das letzte Mal, als sie Wasser gebraucht hatten, hatten sie sich bei Gott beklagt, und Gott hatte als Antwort giftige Schlangen geschickt (Num 21,5—9).

Sie hatten eine schmerzliche Lektion gelernt. Diesmal beschlossen sie, nicht in Panik zu geraten. Keine Klagen. Statt dessen priesen sie Gott. Und als Antwort gab Gott ihnen Wasser — ein wahres

Wunder in der Wüste und ein beeindruckendes Beispiel dafür, wie Gott seine Heiligen erfrischt, wenn sie ihn preisen.

Ich bin ähnlich wie die Israeliten — es hat eine Weile gedauert, bis ich gelernt habe, daß die Antwort im Lobpreis liegt. In meiner Seele hat es trockene und staubige Tage gegeben, manchmal habe ich eine Kälte in meinem Geist gespürt. Eine Wolke der Schwermut hängt dann über mir, und alles ist anstrengend, egal was ich tue oder wem ich begegne. In solchen Momenten ist es sehr leicht, sich zu beklagen.

Und genau das ist dem Satan eine Freude. Satan klatscht vor Freude in die Hände, wenn wir durch eine trockene und leblose Wüste ziehen. Eines seiner Ziele ist, die Kinder Gottes zum Klagen zu zwingen und unsere Arbeit für Gott unnütz zu machen. Aber es gibt einen Ausweg aus dieser geistlichen Sackgasse, und er wird in Numeri 21 beschrieben.

Er lautet: *Preist den Herrn.* Ich meine das nicht nachlässig oder oberflächlich, und ich spreche hier auch nicht von einer mechanischen Übung. Ich spreche von Lobpreis, der ernsthaft ist, auch wenn Sie auf die Zähne beißen müssen und Psalmen sprechen, wenn Ihr Herz nicht dazu aufgelegt ist. Bedeutungsvoller Lobpreis kann auch manchmal Lobpreis sein, den Sie nicht empfinden. Zumindest nicht sofort.

Sogar David, der Psalmist, begann seinen Lobpreis manchmal so. Man kann fast hören, wie er mit verbissenem Gesicht die Worte in Psalm 57,8 spricht:»Mein Herz ist bereit, o Gott, mein Herz ist bereit, ich will dir singen und spielen.« Sie sehen, ein bereites Herz ist ein entschlossenes Herz. Davids Herz war entschlossen, auf Gott und seine Souveränität zu vertrauen trotz der vielen Schwierigkeiten.

Auch Sie waren schon an diesem Punkt — das schwere Seufzen, sogar das Beten war schmerzhaft, ganz abgesehen vom Lobpreis. Sie können auf Ihrem geistlichen Weg einen riesigen Schritt vorwärtsgehen, geradewegs aus der trockenen, unfruchtbaren Wüste heraus, wenn Sie mit dem Psalmist sagen können:»Meine Seele, warum bist du betrübt und bist so unruhig in mir? Harre auf Gott, *denn ich werde ihm noch danken, meinem Gott und Retter«* (Ps 42,6).

Lehre uns, dich zu preisen

Wer, was, wo, wie, wann und *warum.* Erinnern Sie sich an diese Worte? Jedesmal, wenn Sie in der Schule ein Lehrbuch aufschlugen, das Sie durcharbeiten sollten, waren diese W-Worte Ihre Leitlinie. Wenn Sie lernen konnten, wer was wann wem wie und warum tat, dann hatten Sie das Thema verstanden. Genauso ist es, wenn es um den Lobpreis Gottes geht. Lobpreis kommt nicht einfach über uns. Lobpreis verläuft auf einem Kollisionskurs gegen unsere Natur. Lobpreis geht uns gegen den Strich. Gelegentlich erscheint er mehr als Pflicht, als ein erzwungener, geheuchelter Teil, den wir an den Anfang unserer Gebete stellen.

---

*Lobpreis verläuft auf einem
Kollisionskurs gegen unsere Natur.*

Aber denken Sie an Davids Worte in Psalm 57,8: »Mein Herz ist bereit, o Gott, mein Herz ist bereit, ich will dir singen und spielen.« Ich mag die Worte »ich will«. Der Psalmist richtete seine Emotionen und seine Gedanken neu aus, indem er seinen Willen dahin lenkte, Gott zu loben. David lehrte sich selbst, daß Lobpreis seiner Seele guttat und Gott verherrlichte.

Wer soll dann also Gott preisen? Ich! Sie! Und nicht nur wir, sondern die ganze Schöpfung ist daran beteiligt: »Voll Freude werdet ihr fortziehen, wohlbehalten kehrt ihr zurück. Berge und Hügel brechen bei eurem Anblick in Jubel aus, alle Bäume auf dem Feld klatschen Beifall« (Jes 55,12). Und wie jemand einmal gesagt hat, warum sollten nur die Bäume den Spaß haben? Es ist angemessen, daß Gottes Volk ihn preist.

Wo loben wir Gott? Die Psalmen fordern uns auf, Gott »unter den Nationen« und »bei allen Völkern« zu loben. Lobpreis ist überall angebracht, wo wir sind — ob wir nun an der roten Ampel stehen und ein Loblied summen, einen Dankvers zitieren, während wir die Wäsche zusammenlegen oder bei der Gartenarbeit Kirchenlieder singen.

Wie preisen wir Gott? Mit unserem Mund, mit Stimmen der Freude, »mit Psalter« und mit lauten Rufen (Ps 33,1—3; 63,5). Die

Bibel sagt, daß wir Gott sogar mit »Pauken und Tanz ... mit Flöten und Saitenspiel« preisen können (Ps 150,4). Ich habe ein Lieblingsalbum mit Instrumentalmusik, das ich ziemlich auswendig kann, und ich liebe es, Gott an den Stellen zu loben, an denen die Melodien eine Aufwärtsbewegung machen oder auch besonders sanft werden.

Wann sollen wir das alles tun? Schauen Sie sich Psalm 34,2 an: »Ich will den Herrn allezeit preisen; immer sei sein Lob in meinem Mund.« Das ist ziemlich umfassend, oder? In anderen Psalmen heißt es, daß wir Gott den ganzen Tag, ständig, siebenmal am Tag preisen sollen (Ps 35,29; 71,7; 119,165). Ich glaube, einer der wichtigsten Zeitpunkte, Gott zu preisen, ist, wenn ich mitten in der Nacht aufwache und nicht wieder einschlafen kann. Es ist tröstend und beruhigend, Gott »auf nächtlichem Lager« zu preisen (Ps 63,7).

Und schließlich: *Wofür* loben wir ihn? Nun, zumindest ein Psalm lobt Gott seitenweise für seine mächtigen Taten (Ps 105). An anderen Stellen lernen wir, Gott für seinen Namen zu preisen, für sein Wort, seine Macht, seine Wunder, seine Treue, um nur einiges zu nennen (Ps 8,1; 56,4; 66,3; 89,5; 119,105). Psalm 150,2 faßt es vielleicht am besten zusammen: »Lobt ihn für seine großen Taten, lobt ihn in seiner gewaltigen Größe!«

Warum preisen wir Gott? Römer 8,32 sagt alles: »Er hat seinen eigenen Sohn nicht verschont, sondern ihn für uns alle hingegeben — wie sollte er uns mit ihm nicht alles schenken?« Kein Wunder, daß der himmlische Chor singt: »Würdig ist das Lamm, das geschlachtet wurde, Macht zu empfangen, Reichtum und Weisheit, Kraft und Ehre, Herrlichkeit und Lob« (Offb 5,12). Wir loben und preisen Gott, weil er unseres Lobpreises würdig ist.

Wir haben keinen Grund, uns vor Gott zu fürchten

Vielleicht sehen Sie sich immer noch nicht als guten Lobpreisschüler. Wenn ja, dann will ich versuchen, den Grund dafür herauszufinden: Zu welchem Teil der Dreieinigkeit haben Sie die beste Beziehung? Gott der Vater, Jesus der Sohn oder der Heilige Geist?

Ich weiß, was Sie denken: *Das ist eine Fangfrage — sie sind alle gleich!* Sie haben recht, aber ich weiß, daß viele von uns unterschiedliche Beziehungen zu den drei Personen der Dreieinigkeit haben.

Ich habe zum Beispiel von einer Frau gehört, die furchtbare Angst vor Gott dem Vater hatte. Sie las alles über ihn im Alten Testament: wie er die Führer anwies, ganze Städte zu zerstören, wie er mit zorniger Faust gegen die Sünde schlug und nach strengen, heiligen Maßstäben richtete. Sie konnte mit Gott dem Vater nichts anfangen, und sie konnte ihn schon gar nicht loben und preisen.

Vielleicht hatten die Menschen
im Alten Testament Angst, sich Gott zu nähern,
aber Jesus hat die Tür zum Vater weit aufgemacht, und schon
das allein sollte uns Grund geben, ihn zu loben.

Aber sie sagte, sie könne Jesus preisen. Zu ihm konnte sie leichter eine Beziehung finden. Jesus investierte Zeit, um den Leidenden zu begegnen; er sprach mit Kranken am Tempel. Er nahm sich Zeit, mit den Kindern zu reden; und er hielt immer Ausschau nach den Schwachen. Jesus war sensibel, freundlich und mitfühlend — und diese Frau fühlte sich zu Gott dem Sohn hingezogen. Sie spürte keine Verdammnis von ihm, auch wenn sie stolperte und in Sünde fiel. Diese Frau betete ausschließlich zu Jesus — sie eröffnete jedes Gespräch mit Gott im Namen Jesu.

Dann geschah etwas Erstaunliches. Sie las das erste Kapitel des Hebräerbriefes und lernte, daß Jesus das exakte Ebenbild Gottes ist. Sie fand einen Hinweis auf eine Parallelstelle und schlug Johannes 1,18 auf: »Niemand hat Gott je gesehen. Der einzige, der Gott ist und am Herzen des Vaters ruht, er hat Kunde gebracht.«

Die Frau war fasziniert. Ihr wurde bewußt, daß es dasselbe war, Jesus zu kennen und den Vater zu kennen. Sie hatte keinen Grund, sich zu fürchten. Sie konnte mit Gott dem Vater in Beziehung treten, weil er und der Sohn eins sind.

Vielleicht hatten die Menschen im Alten Testament Angst, sich Gott zu nähern, aber Jesus hat die Tür zum Vater weit aufgemacht, und schon das allein sollte uns Grund geben, ihn zu loben. Was für eine Freiheit darin liegt! Was für ein Vertrauen! Wir haben keinen Grund, uns zu fürchten, und tausend Gründe, ihm zu vertrauen und ihn anzubeten.

Wenn wir nicht genug sagen können

Waren Sie schon einmal so erfüllt, so übersprudelnd von Lobpreis, daß Sie kaum aufhören konnten? David ist das passiert: »Mein Mund ist erfüllt von deinem Lob, von deinem Ruhm den ganzen Tag« (Ps 71,8). Waren Sie je in der Situation, wo Sie einfach nicht genug gute Worte über Gott finden konnten?

Als ich mein drittes Buch schrieb, *Auf neuen Wegen,* widmete ich eine ganze Reihe an Kapiteln meinem Mann, Ken.

Manchmal benutze ich für die Arbeit an meinen Büchern den Computer mit einem Mundstück, aber meistens muß ich mich der Hände anderer Menschen bedienen. Eines Tages saß meine Sekretärin neben mir und tippte, was das Zeug hielt, während ich über Ken erzählte, was das Zeug hielt. Ich schrieb von seinen Muskeln und über sein Lächeln, die Art, wie er stand, seine Muskeln, wie er sich kleidete, über das Leuchten in seinen Augen, seine blitzenden Zähne, seine Muskeln, den Glanz seiner Haare. Nach einer Weile sagte meine Sekretärin: »Joni, hebst du jetzt nicht ein bißchen ab? Hast du nicht schon genug über Ken gesagt? Ich meine, du hast jetzt schon zum vierten Mal seine Muskeln erwähnt.« Sie hatte recht.

Aber ich liebe es, über Ken zu reden, und die Worte sprudelten mühelos aus meinem Mund. Außerdem spricht man eben über die Menschen, die man liebt, am ehesten. Wenn Sie Großmutter oder Großvater sind, packen Sie dann nicht immer wieder die Bilder Ihrer Enkelkinder aus? Wenn Sie gerade über beide Ohren verliebt sind, dann brauchen Ihre Freunde nur das leiseste Interesse zu vermitteln, und Sie sprudeln los, von Ihrer Liebe zu erzählen. Sie möchten anderen erzählen, wie stolz Sie über Ihre Kinder sind, über Ihre Enkel, Ihren Mann oder Ihre Frau und über Ihre Freunde. Wenn wir von denen, die wir lieben, sprechen, wird die Freude um so größer.

Das gleiche galt für den Schreiber des Hebräerbriefes. Er konnte nicht genug Gutes über seinen besten Freund — Jesus — erzählen. Schauen Sie sich einmal den Abschnitt am Anfang des Briefes an:

> »Viele Male und auf vielerlei Weise hat Gott einst zu den Vätern gesprochen durch die Propheten; in dieser Endzeit aber hat er zu uns gesprochen durch den Sohn, den er

zum Erben des Alls eingesetzt und durch den er auch die Welt erschaffen hat; er ist der Abglanz seiner Herrlichkeit und das Abbild seines Wesens; er trägt das All durch sein machtvolles Wort, hat die Reinigung von den Sünden bewirkt und sich dann zur Rechten der Majestät in der Höhe gesetzt; er ist um so viel erhabener geworden als die Engel, wie der Name, den er geerbt hat, ihren Namen überragt.«

Auch bei einem flüchtigen Blick durch diese Liste finden wir mehr als genug Gründe, Gott zu loben. Hier sind sieben »Gründe zum Lobpreis«, die man sich merken könnte:

- Christus ist der Erbe aller Schöpfung. Der Briefschreiber gibt Jesus gleich zu Anfang den hohen Platz, der ihm gebührt.
- Durch das gesprochene Wort Jesu wurde das Weltall geschaffen. Schauen Sie sich um — alles, von den Bergen bis zu den Büschen, wurde durch Jesus ins Leben gerufen.
- Der Sohn ist der Abglanz der Herrlichkeit Gottes. Wie der Glanz der Sonne nicht von der Sonne selbst getrennt werden kann, so ist Jesus untrennbar von der Herrlichkeit des Vaters — er selbst ist Gott.
- Jesus ist das genaue Abbild des Wesens des Vaters. So wie ein Siegel seinen Eindruck auf weichem Wachs hinterläßt, so ist Jesus das exakte Abbild des Wesens und der Natur Gottes.
- Jesus »trägt das All durch sein machtvolles Wort« (1,3). So wie er die Welt durch sein Wort erschaffen hat, trägt er auch alles, was erschaffen ist. Was für eine Macht!
- Jesus macht die Reinigung von Sünden möglich — durch seine wunderbare Tat am Kreuz. Durch seinen Tod hat Christus die große Strafe für unsere Sünde bezahlt, damit der Gerechtigkeit Gottes Genüge getan wurde.
- Jesus »hat sich zur Rechten der Majestät in der Höhe gesetzt« (1,3). Nach Vollendung seiner Erlösungstat kehrte Jesus auf seinen Platz an der Seite seines Vaters zurück. Und vom Thron seines Vaters aus herrscht er jetzt über alles.

Der Schreiber des Hebräerbriefes hätte über den, den er am meisten liebte, endlos weitererzählen können. Wie steht es mit Ihnen? Wenn

Sie ein paar beschreibende Worte über Jesus sagen sollten, würde es Ihnen leichtfallen, oder müßten Sie mühsam nach den passenden Worten suchen? Wenn Sie merken, daß Sie nicht genug Adjektive kennen würden, um Jesus zu beschreiben, dann schenken Sie doch dem Schreiber des Hebräerbriefes eine Zeitlang Ihre Aufmerksamkeit. Es kann gut sein, daß Sie binnen kurzem Ihr eigenes Buch über Gott und sich selbst schreiben!

Gebetshilfe

Unser Mund kann mit seinem Lob gefüllt sein!
Womit war Ihr Mund heute bisher gefüllt? Mit Zank? Pingeligkeiten? Spitzfindigkeiten? Halten Sie einen Moment inne und konzentrieren Sie sich darauf, Gott zu loben. Achten Sie auf das Wer, Wo, Warum und Wann Ihres Lobpreises. Und in bezug auf das Wann, warum fangen Sie nicht gleich jetzt an?

Falls Sie einen Duden mit sinn- und sachverwandten Wörtern (sonst ein normales Wörterbuch) in Ihrem Bücherregal haben, dann schlagen Sie doch einmal Worte wie *edel* und *groß* und *Ehre* und dann *Lob* nach. Schreiben Sie die bedeutungsgleichen Wörter auf, bis Sie eine ganze Seite voll haben. Jetzt haben Sie einen ausreichenden Wortschatz, mit dem Sie Gott loben können.

Zur Gruppendiskussion

1. Was könnte im Leben eines Menschen eine Wüstenerfahrung sein?
2. Was ist echter Lobpreis?
3. Wofür können Sie Gott preisen?
4. Mit welchen Worten können die Personen der Dreieinigkeit am besten beschrieben werden?
5. Rühmen Sie jemanden, den Sie lieben. Und dann tun Sie das gleiche mit Jesus.
6. Was lehrt dieses Kapitel über den Lobpreis Gottes?

Kapitel 14

Wie Sie Gottes Angesicht durch Opfer suchen können

»Durch ihn laßt uns Gott allezeit das Opfer des Lobes darbringen, nämlich die Frucht der Lippen, die seinen Namen preisen.«

Hebräer 13,15

»Ich will dem Herrn, meinem Gott, keine unbezahlten Brandopfer darbringen.«

2 Samuel 24,24

Opfer. Klingt das nach bösem Omen? Ein bißchen abstoßend?

Mein Wörterbuch erklärt die Bedeutung dieses Wortes folgendermaßen: »Etwas Wertvolles um einer anderen Sache willen aufgeben.« Wenn wir ein Opfer bringen, dann kostet es uns etwas, nicht wahr?

Diese Erklärung hilft uns weiter, das Wort »Lobopfer« zu definieren. Aber wann loben wir Gott je, wenn es uns viel kostet?

Wenn Sie Gott durch eine leidvolle Zeit oder eine große Anfechtung hindurch loben, dann bringen Sie ein Lobopfer. Solch ein Opfer kostet Sie viel — Ihren Stolz, Ihren Ärger, Ihre menschliche Logik und den Luxus, sich zu beschweren. Ein Opfer des Lobes kostet Ihren Willen, Ihre Rachegelüste und sogar Ihren Wunsch, in einer Situation die Dinge auf Ihre eigene Art und Weise anzugehen.

Ob es sich um einen finanziellen Einbruch, eine plötzliche Krankheit oder eine persönliche Niederlage handelt — wenn Sie Ihr Inneres fest darauf richten, Gott zu loben, dann haben Sie ein Opfer dargebracht. Wenn Sie je durch solche herzzerbrechenden Schwierigkeiten hindurch geweint haben:»Herr, ich hoffe auf dich und ich lobe dich, mehr und mehr«, dann wissen Sie, daß diese Worte Sie viel gekostet haben. Lob in solchen Situationen tut weh. Und trotzdem ist Lobpreis logisch, auch wenn Ihre eigene Logik zu dem Schluß kommt, daß Gott nicht weiß, was er tut.

Oft gehen wir davon aus, daß Lobpreis eine Flut von Begeisterung, von fröhlichen, leichten Worten sein muß, die unser übersprudelnder Geist hervorbringt. Aber das muß nicht so sein. In Psalm 65,2 wird eine andere Art von Lobpreis beschrieben:»Dir gebührt Lobgesang, Gott, auf dem Zion, dir erfüllt man Gelübde.« Das hebräische Wort, das hier mit»gebühren«übersetzt ist, beinhaltet auch die Bedeutung von»still vertrauen«. Diese Worte vermitteln kein Übersprudeln. Es ist, als würde man sagen:»Ich habe für diese Last gebetet, Herr, und nun werde ich still vor dir warten, bis ich die Antwort sehe. Ich erwarte sie. Und dies ist mein Lobopfer für dich — ich glaube und vertraue.«

Bitte denken Sie daran: Die meisten Bibelverse über den Lobpreis wurden von Menschen geäußert, die mit niederschmetterndem Leid, Ungerechtigkeit, Verrat, Verleumdung und vielen anderen schwierigen Situationen konfrontiert waren. Sie wußten, daß das Lobopfer der Schlüssel zum Sieg auf ihrer geistlichen Reise war.

Wie Sie sich zum Lobpreis entscheiden können

Ich erinnere mich daran, wie ich gebetet — ja, fast gezwungen — wurde, ein Lobopfer vor Gott zu bringen. Während meiner ersten Jahre im Krankenhaus mußte ich regelrecht kämpfen, auch nur zwei Worte im Gebet zusammenzubringen. Ich lag im Bett und träumte von dem Tag, an dem meine Schmerzen weggehen würden. So gut es die Krankenpflegerinnen und Pfleger auch mit mir meinten, ihre weißen, gestärkten Kittel und Namensschilder führten mir nur immer klarer vor Augen, wo ich mich befand. Ich haßte mein Leben.

Ich gab es auf zu beten. Lobpreis? Das lag mir absolut fern. Ich tröstete mich mit dem Luxus, mich zu beklagen. Ich schwelgte in meinem Zorn, meiner Bitterkeit. Ich konnte einfach nicht verstehen, wie ein guter Gott es zulassen konnte, daß einem seiner Kinder so etwas wie mein Unfall zustieß.

Wenn Sie Gott durch eine leidvolle Zeit
oder eine große Anfechtung hindurch loben, dann bringen
Sie ein Lobopfer. Solch ein Opfer kostet Sie viel —
Ihren Stolz, Ihren Ärger, Ihre menschliche Logik und den
Luxus, sich zu beschweren.

Steve Estes, ein guter Freund, rückte mir den Kopf zurecht. Ich mochte diesen gläubigen jungen Mann, weil er mir immer Krapfen, Pizza oder etwas zu trinken mitbrachte. Deshalb hörte ich ihm zu, wann immer er seine Bibel aufschlug. Eines Tages las er aus 1 Thessalonicher 5,18: »Dankt für alles; denn das will Gott von euch, die ihr Christus Jesus gehört.« Er schloß seine Bibel, schaute mich an und sagte sanft: »Joni, es ist an der Zeit, daß du auch in deinem Rollstuhl anfängst, Gott zu danken.«

»Einen Moment mal. Das kann ich nicht«, sagte ich etwas schockiert. »Es wäre nicht spontan. Ich fühle es nicht, und ich will nicht heucheln. Mir hat die Heuchelei auf der Oberschule gereicht. Ich will kein Heuchler mehr sein. Ich werde nicht danken, wenn ich es nicht empfinde.«

Steve sagte: »Halt mal, Joni, lies den Vers noch einmal. Da steht nichts davon, daß du dich bombig fühlen mußt. Es heißt ›Dankt für alles; denn das will Gott von euch, die ihr Christus Jesus gehört.‹ Vielleicht ist dein Dank nicht spontan, aber er kann ein Opfer sein. Auf Gottes Willen zu vertrauen muß nicht unbedingt heißen, auch vertrauensvolle Gefühle zu haben.«

Ich erwiderte: »Ich kann Gott nicht danken, wenn ich nicht weiß, warum das alles passiert.«

Steve schalt mich sanft: »Joni, auch wenn Gott dir den Grund sagen wollte, wäre es so, als wollte man tausend Liter Wahrheit in ein Hirn mit dem Fassungsvermögen einer Pipette füllen. Gottes Wege gehen über unser Verstehen hinaus. Du befindest dich gerade erst in den Startlöchern dieser langen Reise durch ein Leben im Rollstuhl. Erwarte nicht, gleich von Anfang an alles und jedes zu verstehen.«

»Aber ich *fühle* mich nicht dankbar«, jammerte ich.

»Nun, in dem Vers heißt es nicht ›Fühlt euch dankbar‹ — es heißt ›Dankt‹. Das ist ein großer Unterschied.«

Also biß ich meine Zähne zusammen und sprach unter Tränen meinen Dank aus. »Okay, Herr, ich danke dir für dieses Krankenhausbett. Ich hätte zwar wirklich lieber die Pizza und die Krapfen, aber wenn du willst, daß ich morgen die Haferflocken aus der Cafeteria esse, dann bin ich auch damit zufrieden. Und Herr, ich danke dir, daß mir die Physiotherapie so guttut — danke für die Rückenübung. Herr, ich bin dankbar dafür, daß ich heute bei der Schreibübung mit dem Stift im Mund nicht aussah wie ein gerupftes Huhn.«

Im Laufe der Zeit stellte sich eine Veränderung ein. Gefühle der Dankbarkeit entwickelten sich in mir. Es war, als ob Gott mich mit dem Gefühl der Dankbarkeit belohnte, weil ich gehorsam war und ihm gedankt hatte.

Und als ich zu erkennen begann, daß Gott durch mein Danken mich veränderte und Jesus ähnlicher machte, war es keine Mühe mehr, Dank auszudrücken. Anfangs hatte es mich vielleicht meine Logik und mein Klagen gekostet, aber nachdem ich die Auswirkungen dieses Opfers gesehen hatte, ging es mit dem Lobpreis immer leichter.

Was macht Lobpreis kostspielig?

Ich kann mir vorstellen, daß jemand sagt: »Das ist ja alles gut und schön, Joni, aber ich bin nicht wie Sie. Ich gehe anders mit meinen Problemen um. Ich akzeptiere mein Leid, weil es einfach mein Schicksal im Leben ist. Ich atme tief durch, und dann gehen Gott und ich weiter.«

Wenn diese Beschreibung auf Sie zutrifft, dann gehören Sie zu den Leuten, die sich mit ihrem Leben einfach abgefunden haben. Sie haben vielleicht ein etwas stoisches Temperament, sind gleichmütig, gelegentlich fühlen Sie sich vielleicht wie ein Märtyrer. Aber seien Sie ehrlich — ist die Tatsache, daß Sie sich mit Ihren Problemen abfinden, wirklich gleichbedeutend mit dem Darbringen eines Opfers? Sicher stimmen Sie mit mir überein: Resignation ist *nicht* ein Lobopfer.

Es gibt dann auch noch Menschen, die sich ihren Problemen ergeben. Sie stöhnen und seufzen schwer. Diese liebenswerten Menschen stellen sicher, daß jeder um sie herum sieht, daß sie eine unerträgliche Last zu tragen haben. Aber das Sich-Ergeben in ein Schicksal ist auch etwas anderes als das Darbringen eines Lobopfers.

Nun denn, was macht ein Lobopfer dann aus?

Zuerst einmal: Bitte denken Sie nicht, Sie müßten vollkommen sein in Ihrem Lob vor Gott. Bedenken Sie: Er ist kein sturer, unnachgiebiger Gott, der vergißt, daß »wir Staub sind«; er denkt daran, daß wir »nur ein Hauch« sind (Ps 103,14; 78,39). Egal wie klein oder groß das Opfer ist, Gott kennt den Beweggrund Ihres Herzens, wenn Sie ihm Lobpreis bringen.

Ich lernte diese Lektion vor einigen Jahren auf ungewöhnliche Weise.

Sehen Sie, in den achtziger Jahren, vor dem politischen Umschwung in Polen, besuchten Ken und ich dieses Land, wo wir in Kirchen und Rehabilitationszentren sprachen. Bei meiner Rückkehr in die Staaten versuchte ich, meine Eindrücke, die ich in Osteuropa gesammelt hatte, einer Freundin mitzuteilen. Ich wollte die warme, wunderbare Erinnerung daran beschreiben, wie mich liebe, alte polnische Frauen umarmten, die ganz schwach nach Knoblauch rochen. Der Geruch hing an ihren Pullovern, in den Mänteln, an den Händen, an ihrem Atem. Zuvor wäre mir der Geruch von Knoblauch sehr unangenehm gewesen, aber seit meinem Besuch wurde Knoblauch gleichbedeutend mit Lachen und freundlichen Gesichtern, fröhlichen Umarmungen mit neuen Freunden. Knoblauch bedeutete . . . Polen.

Aber während ich versuchte, diese Erinnerung zu beschreiben, unterbrach ich mich. Sehen Sie, ich glaube nicht, daß ich hätte erklären können, daß Knoblauch gleichbedeutend mit etwas Positivem war. Für uns im Westen weckt Knoblauch nicht den Eindruck eines süßen, wohlriechenden Duftes. (Vielleicht tut er es manchmal, wenn wir die Lasagne aus der Backröhre unserer Großmutter vertilgen.) Zumeist ist der Geruch von Knoblauch in unserem Land ähnlich angenehm wie der Duft eines Stinktiers.

Was des einen Freud, ist des anderen Leid.

Darüber denke ich gelegentlich nach, wenn ich mein Lobopfer vor Gott bringe. Ich möchte, daß mein Opfer »ein schönes Opfer, eine angenehme Opfergabe« ist, »das Gott gefällt« (Phil 4,18). Ich weiß, was mir auf dem Herzen liegt, wenn ich in Zeiten des Schmerzes und Leidens Lob und Dank ausdrücke, und ich glaube, daß Gott auch weiß, was mir auf dem Herzen liegt. »Gott, ich erleide Schmerzen ... (lange Pause) ... und ich lobe dich ... (ein kurzer Moment des Zweifelns, dann fange ich mich wieder) ... und ich will dir vertrauen ... (bin ich sicher? Ja, das bin ich) ... und ich ruhe in dir ... (wieder eine lange Pause) ... in Jesu Namen, Amen.«

Für einige klingt das vielleicht nicht wie ein Lobopfer, und bestimmte Leute würden wahrscheinlich denken, daß mein Lobopfer nach Knoblauch rieche. Sie würden sich die Nase zuhalten; sie würden es einfach nicht verstehen. Aber ich weiß ... und Gott weiß. Und das ist alles, was zählt.

Wenn ich über Lobopfer nachdenke, fällt mir als zusammenfassende Beschreibung das Wortpaar *umarmen/annehmen* ein. Den Willen Gottes annehmen, auch wenn die Gefühle nicht da sind, bedeutet, daß Sie Gott Ihr Herz darbringen, gänzlich seinem Willen hingegeben. Es bedeutet zu glauben, daß, gemäß Römer 12, Sie praktisch beweisen können, daß Gottes Wille für Sie gut und annehmbar und vollkommen ist.

Es wird etwas kosten — aber die Worte, die Sie Gott bringen, haben einen sehr hohen Wert.

Ein lebendiges Opfer

Ich glaube, wir können nicht über Lobopfer sprechen, ohne den größeren Zusammenhang zu sehen: unser lebendiges Opfer. Wir sollen unseren Leib »als lebendiges und heiliges Opfer darbringen, das Gott gefällt; das ist für euch der wahre und angemessene Gottesdienst« (Röm 12,1).

Ein lebendiges Opfer. Ich dachte dabei immer an ein blutiges Opfer auf einem messingverzierten Altar. Schrecklich! Nun, dieses alttestamentarische Bild unterscheidet sich vielleicht nicht allzu sehr von dem, was Paulus in Römer 12 meinte. Beim Lesen dieser Verse sehe ich mich, ehrlich gesagt, selbst auf einem Altar. Aber dann verändert sich das Bild — sobald Gott das Streichholz anzündet, um die Flamme einer feurigen Anfechtung in meinem Leben zu entzünden, stelle ich mir vor, wie ich handle, wie jedes lebende Opfer handeln würde; ich klettere vom Altar herunter! Hierin liegt das Dilemma, vor dem Christen stehen. Lebendige Opfer haben es an sich, vom Altar zu klettern, wenn die Flammen einer frustrierenden Feuerprobe zu heiß werden. Aber dieses Thema zieht sich durch die ganze Bibel: Der, der um Christi willen sein Leben verliert, wird es gewinnen. Nimm dein Kreuz auf dich — deinen Opferaltar — und folge Jesus. Da wir mit Christus gestorben sind, sollen wir mit ihm leben. Wenn wir mit ihm sterben, werden wir mit ihm herrschen. Es gibt Unmengen von Versen mit ähnlichem Inhalt.

Lebendige Opfer haben es an sich,
vom Altar zu klettern, wenn die Flammen einer
frustrierenden Feuerprobe zu heiß werden.

Es mag zwar sehr fordernd scheinen, aber Gott sagt, daß wir uns selbst als lebendige Opfer darbringen sollen, denn das ist der einzige *angemessene* Gottesdienst. Darüber hinaus sollen wir Gott vom Altar aus für die Anfechtungen loben, weil er sie benutzt, um uns entsprechend dem Bild seines Sohnes zu formen. Unsere Leiber sind lebendige Opfer, unsere Lippen bringen das Lobopfer dar. Klingt das angemessen und vernünftig?

Menschlich gesprochen, nein. Mit Gottes Gnade, ja.

Haben Sie sich in letzter Zeit dabei erwischt, daß Sie vom Altar geklettert sind? Sagen Sie, Sie vertrauen Gott bei einem bestimmten Problem und dann wenden Sie sich von seinem Tisch ab und nehmen die Dinge wieder selbst in die Hand? Oder handeln Sie mit Gott von Ihrem Platz auf dem Altar aus, schlagen Sie ihm vor, die Flamme etwas herunterzudrehen, so als bräuchte er Ihren Rat? Oder diskutieren Sie mit Gott über die Dauer, die Sie in der Hitze sitzen sollen?

Es führt kein Weg daran vorbei. Wenn man Gottes Gnade ansieht, sein einzigartiges und großartiges Opfer für uns, dann fordert er von Ihnen und mir die einzige Art der Anbetung, die heilig und ihm wohlgefällig ist. Sie müssen ein lebendiges Opfer sein. Ja, vielleicht winden Sie sich unter der Hitze der Anfechtung, aber das ändert Gottes Gebot nicht. Er bittet Sie heute inständig, auf den Altar zurückzukehren.

Lassen Sie Ihr Leben — Ihr Herz, Ihre Worte, Ihren Leib — ein Lobopfer für Gott sein.

Gebetshilfe

Beten Sie, während Sie das folgende Lobopfer singen!

> Mein Herz, meinen Leib, meine Seele, meinen Sinn,
> ich geb sie dir, herrsche über mich.
> Ich gebe den Leib als lebend'ges Opfer dir.
> Herr, nimm mich hin, nimm mich hin!

Zur Gruppendiskussion

1. Was hat Lobpreis mit Opfer zu tun, wenn Sie sich nicht zum Lobpreis aufgelegt fühlen?
2. Wie würden Sie den Unterschied beschreiben zwischen dem Lob Gottes aus Freude und Segen heraus und dem Lob Gottes aus Leid und Schmerz?
3. Was ist der Unterschied zwischen Lobpreis in einer schwierigen Situation und dem Lobpreis für eine schwierige Situation?
4. Wie hilft Lobpreis uns, durch große Probleme hindurchzukommen?
5. Was beunruhigt Sie am meisten an der Forderung, ein lebendiges Opfer zu sein? Welche Gedanken dazu geben Ihnen Frieden?

Kapitel 15

Wie Sie durch Lobpreis Sieg erringen

O, betet nicht um ein leichtes Leben.
Betet darum, daß ihr stärker werdet. Betet nicht um Aufgaben,
die euren Kräften entsprechen. Betet um Kraft, die euren
Aufgaben entspricht.

Philips Brooks

Erinnern Sie sich noch, wie Sie im Chemieunterricht in der Schule Ihre Scherze gemacht — pardon, *experimentiert* — haben, zum Beispiel mit Lackmuspapier? Das waren diese kleinen Papierstreifen, die man in Flüssigkeiten tauchte und die sich unterschiedlich verfärbten, je nachdem, ob es sich um eine saure oder eine alkalische Lösung handelte. Ich weiß es nicht mehr genau, aber ich glaube, bei einer Säure färbte sich das Papier blau, bei einer alkalischen Lösung wurde es rot.

Ich fand es faszinierend zu sehen, wie das Papier sich rot färbte, wenn ich es ganz fest an meine Handinnenflächen preßte. Ein Freund quetschte ein Stück Lackmuspapier in seiner Hand, und es wurde blau. Bei einem anderen Kameraden veränderte sich die Farbe überhaupt nicht. Wir lachten über denjenigen, der der »sauerste« unter uns war, und nannten ihn einen alten Sauertopf.

Der »Ehe-Lackmus-Test«

Seit ich verheiratet bin, habe ich gemerkt, daß in einem übertragenen Sinn dieses alberne Spiel mit dem Lackmuspapier viel über eine Person offenbaren kann. Manchmal denke ich, daß Gott meinen Mann Ken so wie als ein großes Stück Lackmuspapier benutzt. Und in der Ehe, wo zwei Menschen zwangsläufig aneinander reiben, schafft es Ken irgendwie zu offenbaren, wer ich bin und aus welchem Stoff mein Inneres geschaffen ist.

Zum Beispiel hasse ich es, wenn ich stinkwütend bin und er dabei ganz gelassen bleibt. In solchen Momenten ist er wie ein Stück Lackmuspapier. Seine Geduld und Liebe offenbaren meine Lieblosigkeit und Selbstsucht. Je mehr Liebe er zeigt, desto häßlicher fühle ich mich in meinem Ärger. Ich reagiere wirklich wie ein alter Sauertopf ihm gegenüber.

Fairerweise muß man erwähnen, daß es auch viele Momente gibt, in denen er sich über eine Kleinigkeit aufregt und Gott mir die Gnade schenkt, Liebe zu zeigen. Dann bin ich für Ken wie ein Stück Lackmuspapier. Je freundlicher und sanfter ich werde, desto mehr wird ihm sein Fehlverhalten bewußt.

Vor gar nicht langer Zeit hatten Ken und ich so einen »Lackmus-Test«-Streit. Ich erwischte ihn dabei, wie er meine Pinzette, die ich zum Augenbrauenzupfen brauche, benutzte, um Flöhe aus dem Fell unseres Hundes Scruffy zu picken. Ich konnte es nicht fassen. Ohne zu fragen, wühlte er einfach in meiner Schublade im Badezimmer, zog die Pinzette heraus und machte sich daran, den Hund zu verarzten. Dann reinigte er die Pinzette noch nicht einmal, sondern legte sie einfach wieder in die Schublade.

Ich war außer mir! »Was in aller Welt machst du da?«

Das war genug für Ken. Er erinnerte mich daran, daß ich den Mädchen, die mich morgens zurechtmachen, sagen sollte, sie dürften nicht mehr seine Rasierklingen benutzen, um meine Arme zu rasieren!

Im Nu waren wir in einen heftigen Streit verwickelt. Ein Wort gab das andere, und nach einer halben Stunde schlug Ken die Tür zum Schlafzimmer zu. Ich brodelte vor Wut, also beschloß ich, taktische Befriedigung darin zu finden, meinen Rollstuhl zur Schiebeglastür zu rollen und in den Garten hinauszustarren. Wenn er ins Schlafzimmer zurückkehrte, würde ihm mein Anblick dort ein schlechtes Gewissen bereiten.

Zwanzig Minuten vergingen, und schließlich kam Ken wieder herein. Er seufzte, setzte sich auf die Bettkante, schüttelte den Kopf und schwieg stur.

Schließlich sagte ich:»Tut mir leid, Ken, aber ich mag dich nicht.«

Er dachte einen Moment nach und gab dann zurück:»Ich mag dich auch nicht.«

»Was machen wir jetzt?« fragte ich.

»Ich weiß nicht.« Ein weiterer langer Moment verging.»Ich glaube, wir sollten beten.«

»In Ordnung, du fängst an.«

Ich ärgerte mich über die Anstrengung, die mein Mann da unternahm. Je mehr er darüber sprach, wie groß Gott sei, desto liebloser fühlte ich mich.

Mein Blick versprühte giftige Pfeile, und ich weiß wirklich nicht, wie Ken beten konnte, aber er faltete die Hände und begann, wohlformulierte Sätze auszusprechen. Seine Stimme zitterte, und er stolperte über manche Worte. Er sprach von der Güte und Größe Gottes, aber er war nicht mit dem Herzen dabei.

Ich ärgerte mich über die Anstrengung, die mein Mann da unternahm. Je mehr er darüber sprach, wie groß Gott sei, desto liebloser fühlte ich mich. Es war, als seien Kens Worte wie ein Stück Lackmuspapier. Gott drückte sein Gebet gegen mich, und mein pH-Wert offenbarte, daß ich völlig sauer war.

Ich versuchte, meine Ohren vor Kens Dankesworten zu verschließen. Obwohl sein Gebet nicht spontan war, so war es doch echt. Ein Gefühl des Überführtseins stieg in mir hoch. Auf geheimnisvolle Weise wurden Kens Worte weicher, und ich hörte an seiner Stimme, wie sein Herz im Gebet schmolz. Tränen stiegen in mir hoch, und mein Ärger verflog — und ich mußte mich sehr beherrschen, Ken nicht zu unterbrechen und ihm zu sagen, wie sehr ich ihn liebte.

Noch nie hatte ich so etwas Schönes gesehen wie meinen Mann, der dasaß und Gott lobte. Mit Tränen in den Augen schaute er auf und sagte:»Du bist dran.«

Ich war wie gelähmt. Endlich stammelte ich:»Ken, ich fühle mich schrecklich. Ich muß einfach vor Gott bekennen, wie schlecht ich bin. Ich kann nicht glauben, daß ich wegen einer Pinzette so ein Aufheben gemacht habe.«

Ich beugte mich innerlich vor Gott, und das nächste, an was ich mich erinnern kann, war, daß mein Mann und ich gemeinsam Loblieder zu Gott sangen. Kurz darauf sagte er:»Joni, ich fühle mich, als wäre mir gerade eine Last von den Schultern genommen worden.«

Ich sah auf meine Uhr.»War das gerade vor fünf Sekunden?«

»Ja, genau.«

»Das ist ja kaum zu glauben. Genau in demselben Moment fühlte ich, wie mir eine schwere Last abgenommen wurde.« Wir umarmten uns. Es war sein Lobpreis, der diese emotional schwierige Situation in einen Sieg verwandelte. Ein Lackmustest und Lobpreis hatten uns wieder eng zueinander gebracht — und Gott gab uns Sieg über Satan.

Lobpreis ist unsere stärkste Waffe

Lobpreis war wirklich das letzte, was uns an dem Tag, an dem wir stritten, eingefallen wäre. Aber Ihr Ehepartner ist nicht Ihr Feind, und auch Ihre Umstände sind es nicht. Ihre Kinder sind nicht der Feind, und auch nicht Ihr Vorgesetzter bei der Arbeit. Wir kämpfen nicht gegen das Fleisch und Blut alltäglicher Probleme — unser Feind ist Satan. Unser Kampf gilt ihm.

Wenn Sie der Meinung sind, Sie hätten es gerade schwer, dann schauen Sie sich einmal die Geschichte von Paulus und Silas in Apostelgeschichte 16 an. Die beiden Prediger wurden von den Herren eines Sklavenmädchens, das von einem Dämon befreit worden war, angeklagt. In ihrer Wut darüber, daß sie damit ihre Geldeinnahmequelle verloren hatten, beschuldigten die Herren des Mädchens Silas und Paulus, die ganze Stadt in Aufruhr zu versetzen.

Die Stadtältesten befahlen, Paulus und Silas zu entkleiden und auszupeitschen. Nachdem sie geschlagen worden waren, legte man sie in Ketten und warf sie ins Gefängnis. Der Gefängniswärter sperrte sie in das tiefste Verlies und bewachte sie streng.

Stellen Sie sich den Schmerz der beiden Gottesmänner vor — ihre Wunden waren verkrustet; Beulen und Striemen bedeckten ihre Rücken; und die feuchtkalte Gefängnisluft ging ihnen durch und durch. Vielleicht wurde Paulus bewußtlos, oder Silas verspürte Übelkeit.

Ihr Ehepartner ist nicht Ihr Feind,
und auch Ihre Umstände sind es nicht. Ihre Kinder sind nicht
der Feind, und auch nicht Ihr Vorgesetzter
bei der Arbeit. Wir kämpfen nicht gegen das Fleisch und Blut
alltäglicher Probleme — unser Feind ist Satan.
Unser Kampf gilt ihm.

Wer hätte es ihnen übelgenommen, wenn sie gejammert oder geklagt hätten? Aber Paulus und Silas richteten ihre Gedanken auf Gott, nicht auf ihre Ankläger. Sie entschlossen sich, zu beten und so laut Loblieder zu singen, so daß die anderen Gefängnisinsassen es hören konnten — in anderen Worten: Im Lobpreis errangen sie einen Sieg.

Obwohl sie von Menschen und von Satan angegriffen wurden, gewannen Paulus und Silas den Kampf *mit ihren Worten*. Vielleicht benutzten sie auch ähnliche Worte wie in Psalm 106,47: »Hilf uns, Herr, unser Gott, führe uns aus den Völkern zusammen. Wir wollen deinen heiligen Namen preisen, uns rühmen, weil wir dich loben dürfen.«

Auch hier war Sieg die Folge von Lobpreis.

Waffen aus unserem Mund

Worte des Lobpreises. Verstehen wir wirklich, welche Macht sie haben?

Begreifen wir, welche Kraft hinter den Worten, die wir aussprechen, steht? Erkennen wir die Dynamik hinter den Sätzen, die wir zueinander sagen? Hinter den Dingen, die wir vor Gott äußern? Vor dem Teufel? Kein Wunder, daß der Schreiber des Jakobusbriefes der Zunge soviel Aufmerksamkeit schenkt!

Ich hatte eine Freundin, deren Leben eine richtig Geschichte von Lobpreis und Sieg erzählt. Denise war fast zwei Jahre lang meine Zimmergenossin im Krankenhaus. Die wunderschöne siebzehnjährige schwarze Schülerin aus Baltimore war blind und gelähmt. Ich hatte noch den Vorteil, ab und zu im Rollstuhl sitzen zu können, aber Denise blieb im Bett.

Ich werde nie vergessen, welch einen Lobpreis meine Freundin darzubringen fähig war. Es klingt vielleicht etwas weltfremd, aber manchmal frage ich mich, ob unser Krankenzimmer nicht einfach durch ihren Lobpreis von Dämonen und bösen Mächten befreit wurde. Und ich frage mich, ob Gott sein Werk der inneren Heilung in meinem Leben durch Denise angefangen hat, die, blind und gelähmt, wie sie war, den Weg dazu bereitete, indem sie über den Teufel in unserem Zimmer siegte.

In Epheser 3,10 lesen wir:»So sollen jetzt die Fürsten und Gewalten des himmlischen Bereichs durch die Kirche Kenntnis erhalten von der vielfältigen Weisheit Gottes.« In anderen Worten: Denise, ans Bett gefesselt, mag für die vielbeschäftigten Ärzte und Pfleger oder weitläufige Freunde, die gelegentlich vorbeikamen, kein großes Zeugnis gewesen sein, aber ihr Lobpreis ging weit über das Krankenhauszimmer hinaus, er bewegte etwas im himmlischen Bereich.

Durch ihren Lobpreis gewann Denise eine Schlacht, von der Sie und ich nur ab und zu einen winzigen Ausschnitt zu sehen bekommen. Sie lebte auf einer höheren Ebene, in einer Dimension, von der ich nicht sicher war, daß sie überhaupt existierte. In ihrem Leben trafen die mächtigsten Gewalten des Weltalls aufeinander. Und sie erlangte den Sieg durch ihren Lobpreis zu Gott.

Unsere kritischen Beobachter

Ihre und meine Situation ist mit der von Denise kaum vergleichbar. Im Gegensatz zu Denise begegnen Sie Tag für Tag vielen Menschen. Ihr Zeugnis wird von hunderten Menschen in der Woche gesehen — von dem Angestellten im Supermarkt, dem Tankwart, der

Sie bedient, der Frau in der Reinigung, von Ihrem Nachbarn, von Ihren Freunden in der Chorprobe. Sie treffen täglich Menschen. Sehen diese Menschen bei Ihnen ein Leben, das gottgefälligem Lobpreis dient?

Und auch wenn Sie allein in einer kleinen Wohnung leben und kaum Kontakt mit anderen Menschen haben, zählt Ihre Hingabe daran, Gott zu loben. Denn es gibt viele »Jemande«, die Sie beobachten. Gott benutzt Ihren Lobpreis als Zeugnis seiner Weisheit und Kraft für Engel und Dämonen.

Wenn Sie sich auf die Zunge beißen und sich den Luxus des Klagens versagen, erreichen Sie einen Sieg gegen den Teufel. Wenn Sie Gott preisen, zeigen Sie den himmlischen Heerscharen, Mächten und Gewalten, den Dämonen in der Finsternis und den Engeln des Lichts, daß Ihr großer Gott des Lobpreises würdig ist — egal, in welchen Umständen Sie sich gerade befinden.

Wenn Sie sich auf die Zunge beißen und sich den Luxus des Klagens versagen, erreichen Sie einen Sieg gegen den Teufel. Wenn Sie Gott preisen, zeigen Sie den himmlischen Heerscharen, Mächten und Gewalten, den Dämonen in der Finsternis und den Engeln des Lichts, daß Ihr großer Gott des Lobpreises würdig ist — egal, in welchen Umständen Sie sich gerade befinden.

Unsere Worte des Lobpreises reichen viel weiter, als wir uns vorstellen können. Im Lobpreis ist Sieg.

Gebetshilfe

Ist es Ihnen je bewußt geworden, daß Ihre Gebete ein Zeugnis für die himmlischen Heerscharen sind? Das ist faszinierend, nicht wahr?

Wenn Sie das nächste Mal versucht sind zu denken, es sei egal, wie Sie auf Ihre Anfechtungen reagieren, dann lesen Sie Epheser 3,10, bevor Sie aufgeben. Das kann Ihnen helfen, daran zu denken, daß da jemand ist, der zuschaut — und Sie werden sich vielleicht dabei wiederfinden, wie Sie auf das Schlagen von Flügeln lauschen. Eigentlich können Sie auch gleich den Vers lesen:

»So sollen jetzt die Fürsten und Gewalten des himmlischen Bereichs durch die Gemeinde Kenntnis erhalten von der vielfältigen Weisheit Gottes.«

Verbringen Sie ein wenig Zeit im Lobpreis Gottes in dem Bewußtsein, daß andere zuhören!

Zur Gruppendiskussion

1. Denken Sie an einen Freund oder eine Freundin, die eine enge Beziehung zu Gott hat. Was haben Sie von dieser Person zum Thema Gebet gelernt?
2. Wann wäre es angebracht, Gott inmitten eines Konflikts zu preisen, wann wäre es nicht angebracht?
3. Inwiefern ist Lobpreis wie eine Waffe? Gegen wen soll diese Waffe benutzt werden?
4. Auf welche Weise hilft uns Lobpreis, erfolgreich als Christen zu leben?
5. Welche Beziehung besteht zwischen Lobpreis und Bekenntnis?
6. Wofür können Sie Gott gerade jetzt loben und preisen?

Kapitel 16

Wie Sie in den Herausforderungen des Lebens Vertrauen finden

Was mich viele Male auf die Knie gebracht hat,
war die überwältigende Erkenntnis, daß ich nirgendwo anders
hingehen konnte.

Abraham Lincoln

Als ich noch gehen konnte, ritt ich leidenschaftlich gern. Ich übte mit den Pferden springen und war oft auf Turnieren in Maryland und Pennsylvania unterwegs. Für die Veranstaltungen brachte ich meine Stiefel auf Hochglanz, putzte meinen Sattel und stärkte und bügelte meine Bluse. Ich arbeitete wirklich hart, aber mein Vollbluthengst Auggie schuftete noch viel mehr.

Auggie war ein großer, schlanker Vollblüter mit langen Beinen. Er sah aus wie ein Heranwachsender, dessen Beine zu schnell gewachsen waren. Auggie hatte zwar nicht den allerbesten Körperbau, aber seine langen Beine trugen uns über die höchsten und breitesten Hindernisse. Und im Parcours war er mir gegenüber absolut vertrauensvoll und gehorsam.

Beim Anritt auf das erste Hindernis drückte ich einfach meine Knie an den Sattel, und er sprang los wie ein Blitz. Voll Vertrauen galoppierte er auf das Hindernis zu, ich nahm mit den Zügeln seinen Kopf etwas zurück, und schon flog er mit Leichtigkeit darüber. Ich richtete seinen Kopf auf das nächste Hindernis, und er überwand auch dieses komplizierte Labyrinth von Sprüngen. Wenn man ein Pferd durch eine verwirrende Folge von schwierigen Hindernissen führen will, muß es vertrauen und gehorchen. Das Pferd muß dem Reiter zutrauen, daß er weiß, was er tut — ich wußte, was auf dem Parcours vor uns lag, Auggie wußte es nicht. Vertrauen und gehorchen. Führen und lenken. Aus diesen Elementen bestand die Beziehung zwischen Auggie und mir.

Stehen Sie vor Hindernissen?

Für uns Menschen erscheint der Weg im Leben oft wie ein unglaublich komplizierter Parcours von Hindernissen, die wir überwinden müssen. Hatten Sie schon einmal das Gefühl, sie befänden sich auf einer Rennbahn und liefen, so schnell Sie konnten, ohne zu wissen, was als nächstes auf Sie zukommen würde? Wir können das Hindernis nicht überblicken, und weil es so hoch ist, sind wir nicht sicher, ob wir tatsächlich noch bis zum nächsten weiterlaufen wollen. Wir würden lieber nicht gehorchen. Am liebsten würden wir den Parcours des Lebens verlassen.

Aber ich möchte Ihnen etwas sagen. Auggies vertrauensvolle Reaktion hing nicht davon ab, wie sehr er mit dem Parcours einverstanden war. Mein Pferd verstand nichts vom Springen. Es hatte keine Ahnung von den Schwierigkeitsgraden. Alles, was es kannte, war mich.

Ich wünschte, ich wäre mehr wie mein Pferd! In Jesaja 1,3 heißt es:»Der Ochse kennt seinen Besitzer und der Esel die Krippe seines Herrn; Israel aber hat keine Erkenntnis, mein Volk hat keine Einsicht.« Woran liegt es, daß wir Gott nicht vertrauen oder nicht vertrauen können? Vielleicht wissen wir einfach nicht, wer Gott ist und wieviel er für uns getan hat.

Schauen Sie sich an, was für ein Vertrauen Paulus Gott gegenüber hatte. In den biblischen Berichten sagt Paulus nie:»Ich verstehe, warum diese Dinge geschehen, Herr, und deshalb lobe ich dich dafür.« Nein. Sein Lobpreis war oft ein Opfer, weil er *nicht* wußte, was als nächstes auf ihn wartete. Trotzdem vertraute und gehorchte Paulus. Er wußte nicht, warum die Dinge geschahen, was auf ihn zukam oder wie schwierig es sein würde, aber er wußte, an wen er glaubte: »Darum muß ich auch dies alles erdulden; aber ich schäme mich nicht, denn ich weiß, wem ich Glauben geschenkt habe, und ich bin überzeugt, daß er die Macht hat, das mir anvertraute Gut bis zu jenem Tag zu bewahren« (2 Tim 1,12).

Für Paulus lag der wichtigste Grund, Gott zu preisen, in der Tatsache, daß er seinen Herrn kannte. Der Apostel konnte Gott loben, weil Jesus am Kreuz sein Vertrauen erkauft hatte.

Wenn Sie die Schwierigkeiten nicht überblicken

Nichts ist besser als guter Rat. Ein Mann namens Ted Smith schrieb mir vor einigen Jahren folgendes: »Viele Gläubige starren auf ihre Probleme und widmen Gott nur einen flüchtigen Blick. Aber ich fordere dich auf, deinen Blick lange auf den Herrn zu richten und die Probleme nur flüchtig anzuschauen.«

Zu viele von uns heften den Blick auf die Probleme — die Hindernisse im Leben. Wir versuchen, die Höhe des nächsten Sprungs abzuschätzen. Gott gönnen wir dabei höchstens einen gelegentlichen Seitenblick, um sicherzugehen, daß er auch sieht, wie schwer wir es haben.

Ein großartiger Rat! Zu viele von uns heften den Blick auf die Probleme — die Hindernisse im Leben. Wir versuchen, die Höhe des nächsten Sprungs abzuschätzen. Gott gönnen wir dabei höchstens einen gelegentlichen Seitenblick, um sicherzugehen, daß er auch sieht, wie schwer wir es haben.

Das Problem ist aber, daß der Parcours, in den Gott uns gestellt hat, so schwierig erscheint. Der Hund hat den Küchenboden total verdreckt. Ihr Mann ruft an, um Bescheid zu sagen, daß er später nach Hause kommt. Auf dem Herd kocht das Essen über, und der brutzelnde Braten macht lauter Fettspritzer im Ofen. Die Jugendlichen tragen im Zimmer über der Küche gerade einen Kampf aus. Kein Wunder, daß Sie mit dem Geschirrtuch in der Hand und hängenden Schultern dastehen und nicht wissen, was Sie tun sollen.

Sie murmeln ein obligatorisches Gebet, während Sie die Treppe hinaufrennen, um den neuesten Familienzwist zu schlichten. Klingt das bekannt? Frustriert seufzen Sie auf, und Gott wird in dem ganzen Tohuwabohu kaum beachtet.

Was wir hier brauchen, ist mehr als ein aus Pflichtgefühl gesprochenes Gebet. Wir brauchen eine Einstellung wie die von Abraham Lincoln, als er sagte: »Was mich viele Male auf die Knie gebracht hat, war die überwältigende Erkenntnis, daß ich nirgendwo anders hingehen konnte.« Wir brauchen einen anderen Mittelpunkt.

Schauen Sie sich Hebräer 12,2—3 an: »Laßt uns dabei auf Jesus blicken, den Urheber und Vollender des Glaubens; er hat angesichts der vor ihm liegenden Freude das Kreuz auf sich genommen, ohne auf die Schande zu achten, und sich zur Rechten von Gottes Thron gesetzt. Denkt an den, der von den Sündern solchen Widerstand gegen sich erduldet hat; dann werdet ihr nicht ermatten und den Mut nicht verlieren.«

Es kommt wirklich darauf an, worauf wir unseren Blick richten, nicht wahr? Betrachten Sie Jesus. Er hatte ein schweres Kreuz zu tragen, aber er richtete seinen Blick auf die Freude, die vor ihm lag. Und wir sollen genauso handeln.

Wie steht es dann mit dem angebrannten Braten, dem schmutzigen Küchenboden und den schreienden Kindern oben? Sie haben sich nicht verändert. Aber Ihre Blickrichtung hat sich geändert. Bleiben Sie nicht an Ihren Problemen hängen, während Sie nur einen flüchtigen Blick für Gott übrig haben. Geben Sie dem Leben den richtigen Mittelpunkt. Schauen Sie auf den Herrn — betrachten Sie ihn eingehend —, und Ihre Probleme werden Sie nicht mehr erschöpfen und entmutigen können.

Den Preis gewinnen

Auggie, mein wunderbares Pferd, hat mich viel darüber gelehrt, warum ich Gott loben sollte. Nachdem wir den Parcours bei dem Turnier durchlaufen hatten und er vor Schweiß dampfte, sprang ich ab und führte ihn hinaus zur Koppel. Oft riefen uns die Kampfrichter zurück in den Parcours. Während wir vor der Kabine der Richter standen, schüttelte Auggie seinen Kopf und stampfte ungeduldig auf, bis eine wichtige Person auf ihn zukam — und mir die Auszeichnung übergab. Auggie hatte die Arbeit geleistet, und ich wurde geehrt.

Sehen Sie die Parallele? Sie und ich üben uns im Vertrauen und Gehorsam. Dieses ganze Abenteuer, in dem wir uns befinden, ist eine wachsende Beziehung des Vertrauens und Gehorsams zwischen uns und dem Einen, der die Zügel unseres Lebens in der Hand hält. Während wir durch unseren verzwickten Hindernisparcours springen, sind die Augen des Richters auf uns gerichtet. Und wenn wir in der Gottesfurcht gut »trainiert« sind, wird Jesus am Tag der Vollendung zu uns kommen und uns einen Preis überreichen. Was für eine Ehre!

Die Bibel macht klar, daß Sie und ich zum Lobpreis der Herrlichkeit Christi da sind. Lesen Sie die folgenden Verse aus dem Epheserbrief:

> »Er hat uns aus Liebe im voraus dazu bestimmt, seine Söhne zu werden durch Jesus Christus und nach seinem gnädigen Willen zu ihm zu gelangen . . . Durch ihn sind wir auch als Erben vorherbestimmt und eingesetzt nach dem Plan dessen, der alles so verwirklicht, wie er es in seinem Willen beschließt . . . Er erleuchte die Augen eures Herzens, damit ihr versteht, zu welcher Hoffnung ihr durch ihn berufen seid, welchen Reichtum die Herrlichkeit seines Erbes den Heiligen schenkt« (Eph 1,5.11.18).

Sehen Sie? Wir empfangen das Erbe Christi, damit wir ihn verherrlichen! Alles Lob geht an Christus. Sicher: Wir tun viel Arbeit auf der Erde — viel Training und Vorbereitung. Der Parcours ist lang und kompliziert, und manchmal werden wir müde und fragen uns, ob es das wirklich wert ist. Aber immer sind die Augen des Richters auf uns gerichtet. Er sieht unsere Erfolge und unser Versagen. Für jeden Gehorsamsakt von uns, für jede Anstrengung wird Jesus die Ehre bekommen.

Wenn Sie heute Ihren Pflichten nachgehen, denken Sie daran, für was — und für wen — Sie arbeiten. Es sollte zum Lob seiner

Herrlichkeit geschehen. Je mehr Sie gehorchen, desto größer ist die Ehre, die er empfängt.

Jesus bekommt die Ehre — es gibt keinen besseren Grund, ihn zu loben.

Gebetshilfe

Versuchen Sie, Ihren Blick gerade jetzt scharf zu stellen. Nehmen Sie sich ein wenig Zeit, um über Hebräer 12,2—3 nachzudenken.

>»Laßt uns dabei auf Jesus blicken, den Urheber und Vollender des Glaubens; er hat angesichts der vor ihm liegenden Freude das Kreuz auf sich genommen, ohne auf die Schande zu achten, und sich zur Rechten von Gottes Thron gesetzt. Denkt an den, der von den Sündern solchen Widerstand gegen sich erduldet hat; dann werdet ihr nicht ermatten und den Mut nicht verlieren.«

Vielleicht können Sie diese Verse auf einen Zettel schreiben und über Ihr Spülbecken, an das Armaturenbrett im Auto oder über Ihren Schreibtisch kleben. Auf diese Weise bleibt Ihr Leben auf den richtigen Brennpunkt gerichtet.

Was mir dabei hilft, mein Leben auf den richtigen Mittelpunkt gerichtet zu halten, ist der Lobpreis Gottes, wie er zum Beispiel am Anfang des Epheserbriefes steht. Beten Sie doch einfach gleich mit:

»Gepriesen sei der Gott und Vater unseres Herrn Jesus Christus. Er hat uns mit allem geistlichen Segen seines Geistes gesegnet durch unsere Gemeinschaft mit Christus im Himmel« (Epheser 1,1—2).

Wenn Sie das nächste Mal einer Herausforderung gegenüberstehen, denken Sie an diese Worte!

Zur Gruppendiskussion

1. Welches Lieblingshobby hatten Sie als Kind, für das Sie viel gearbeitet bzw. geübt haben (Fußball, Klavier, Ballett, Haustiere,
   Schach, Schwimmen usw.)? Welche Einsichten kann Ihnen das
   unter Umständen für das Gebet geben?
2. Wann haben Sie in Ihrem Leben vor einer Hürde gestanden,
   über die Sie nicht hinüberblicken konnten?
3. Wann haben Sie oft Ihre schlechteste Zeit am Tag oder in der
   Woche? Was könnten Sie tun, um in dieser Situation Ihren Blick
   auf Christus zu richten — ihn zu betrachten, anstatt ihm nur
   einen flüchtigen Blick zuzuwerfen — und dadurch besser damit
   fertigzuwerden?
4. Was sind die größten Hindernisse, die Ihnen alltäglich begegnen?
   Wie können Sie Ihre Gedanken auf Jesus konzentrieren, während Sie auf diese Hürden zugehen?
5. Was können Sie tun, um Ihre Blickrichtung zu verändern?

Kapitel 17

Wie Sie durch Lobpreis und Gebet Gott verherrlichen können

Gebet krönt Gott mit der Ehre und Herrlichkeit, die seinem Namen gebührt, und Gott krönt das Gebet mit Gewißheit und Trost.

Thomas Benton Brooks

Empfinden Sie es manchmal, daß Gott und Sie zwar ein Team bilden, Sie aber die ganze Arbeit machen? Ärgern Sie sich darüber? Stellen Sie sich vor, wie es sein wird, wenn Sie die himmlische Krone in Empfang nehmen. Vielleicht liegt in Ihrem Ärger der Grund dafür, daß Sie sich dabei erwischen, wie Sie Ihre Krone etwas zu fest halten, nicht bereit, Sie Jesus zu Füßen zu legen (Offb 4,10).

Falls Sie etwas unsicher darüber sind, wer die Ehre verdient, lesen Sie das folgende. Es wird Sie daran erinnern, wie dankbar wir sein sollten, daß Gott uns Gelegenheit gibt, für ihn Ehre zu verdienen:

Jesus Christus verdiente Ehre, aber er wurde gedemütigt.
Er verdiente Liebe, aber er wurde von vielen gehaßt.
Er verdiente Anbetung, aber viele lehnten ihn ab.

Er verdiente Lob,
aber oft wurde er verhöhnt und verlästert.
Er verdiente Komfort, aber er hatte kein Zuhause.
Er verdiente Reichtum, aber er lebte in Armut.
Er verdiente Heiligkeit, aber er wurde für uns zur Sünde.

Trotz all dieser Dinge gab es bei Jesus keine Unklarheit darüber, wem die Ehre gebührte. Er hörte nie auf, Gott zu loben. Er hatte Gründe, dem Vater gegenüber Dankbarkeit zu äußern, und er hörte nie auf, ihm im Gebet die angemessene Anerkennung zu geben. Er verlor nie die Freude, die vor ihm lag, aus dem Blickfeld.

Aber schauen Sie im Gegensatz dazu uns an:

Wir verdienen Bescheidenheit, aber wir empfangen Ehre.
Wir verdienen Ablehnung,
aber Gott macht uns zu seinen Kindern.
Wir verdienen Gericht, aber wir empfangen Gnade.
Wir verdienen Armut,
aber er gibt uns Reichtum und macht uns
zu Miterben seines Sohnes.
Wir verdienen den Fluch der Sünde,
aber er schenkt uns statt dessen Gerechtigkeit.

Hier wird eindeutig klar, wem Ehre und Lobpreis gebühren. Und Gebet ist das beste Forum, von dem aus wir Christus die rechtmäßige Ehre zuteil werden lassen können. Schauen Sie sich die Paulusbriefe an. Ob in Kolosser 1 oder Epheser 1, stellte Paulus immer an den Anfang seines Schreibens das Lob Gottes. Vielleicht tat er es, weil er wußte, was er eigentlich verdient hätte, nämlich die Hölle. Deshalb brachte er Gott um so mehr von Herzen seinen Lobpreis.

Eine Erinnerung an Jesus

Gott freut sich, wenn bei uns Klarheit darüber herrscht, wem Ehre und Lobpreis gebühren. Sie und ich können tatsächlich das Herz des Herrn des Weltalls bewegen. Lesen Sie nur die folgenden Verse und stellen Sie sich vor, wie Gott lächelt: »Seht, da ist mein Knecht, den ich stütze; das ist mein Erwählter, an ihm finde ich Gefallen« (Jes 42,1). Und auch: »Denn der Herr hat an dir seine Freude ... Wie der Bräutigam sich freut über die Braut, so freut sich dein Gott über dich« (Jes 62,4—5).

Welch ein Vorrecht ist es, Gott Freude zu bereiten! Ich will im folgenden illustrieren, was ich damit meine.

Ich liebe klare, kalte Tage: Der Rauch aus dem nachbarlichen Kamin zieht herüber; die Winterluft trägt den Duft der Tannen aus dem kleinen Wald jenseits des Zaunes mit sich, so daß man es beim Hinauslehnen aus dem Fenster riechen kann. Genauso liebe ich den Geruch von frischgewaschener, feuchter Wäsche, die draußen an der frischen Luft hängt.

Ihre Gebete steigen, wie jeder Dienst, den Sie tun,
wie ein wohlriechendes Opfer auf, das Gott gefällt (Phil 4,18).
Und dieser Duft Ihrer Gebete erinnert den Vater
an das wohlriechende Opfer des Lebens seines Sohnes.

Bis heute weckt der Geruch von Wäsche, die mit einem bestimmten Waschmittel gewaschen wurde, lebhafte Erinnerungen an die T-Shirts meines Vaters und die schöne Zeit, die ich hatte, wenn ich meiner Mutter half, die duftenden Handtücher zusammenzulegen. Düfte wecken schöne Erinnerungen. Ich bin sicher, daß die Parfüm-industrie aus diesem Grund solche Millionenumsätze macht. Parfümexperten wissen, daß der Duft von Karl Lagerfeld oder Chanel No. 5 greifbare, wunderschöne Erinnerungen in uns wachrufen kann.

Wie auch immer: Den Schreibern der Bibel war der Einfluß von Parfüm lange vor den Chemikern bei Revlon bekannt. Im 2. Korinther 2,14 schrieb Paulus: »Dank sei Gott, der uns stets im Siegeszug Christi mitführt und durch uns den Duft der Erkenntnis Christi an allen Orten verbreitet.«

Das Bild, das Paulus hier gebraucht, stammt aus altrömischen Siegesparaden. Zuerst vergleicht sich der Apostel Paulus mit einem Gefangenen, der in schweren Ketten hinter dem Streitwagen des

Eroberers herläuft; dann mit einem Diener, der ein Weihrauchgefäß bei sich hat; und schließlich vergleicht er sich mit dem Weihrauch selbst, der während des Siegeszuges aufstieg.

Paulus wußte, welche Kraft in einem süßen Duft lag. Es ist, als würde er sagen:»Ich will so leben, daß ich Gott immer an den Gehorsam, das Opfer und die Hingabe Jesu erinnere. Ich möchte, daß meine Worte und Taten Gott die wunderbaren Erinnerungen an das Erdenleben Jesu wieder lebendig werden lassen.«

Ist das nicht ein herrlicher Gedanke? Wie alle Taten des Dienens, so steigen auch Ihre Gebete wie ein wohlriechender Duft auf, wie ein duftendes Opfer, das Gott gefällt (Phil 4,18). Und der Duft Ihrer Gebete erinnert den Vater an das wohlriechende Opfer im Leben seines Sohnes (Eph 5,2). Ihre Gebete bereiten Gott Freude.

Wer sonst bereitet Gott Freude?

Manchmal stelle ich mir gerne vor, daß meine Gebete im Lobpreis wie kleine Tropfen in einem riesigen Ozean freudiger Anbetung sind, die die Menschen schon seit ewigen Zeiten vor Gott bringen. Das bedeutet also, daß unser Leben im Gebet nicht das einzige Leben ist, das Gottes Herz berührt.

Als Ken und ich vor einigen Jahren nach Europa reisten, war es für uns einer der Höhepunkte der Reise, in die St. Paul's Kathedrale in London zu gehen. Wir trafen am Sonntagnachmittag gerade noch rechtzeitig zum Abendgottesdienst ein. Während wir in der kühlen Kirche saßen, war ich völlig fasziniert von dem Echo der Kirchenglocken über mir.

Die wenigen Gottesdienstbesucher neigten respektvoll ihre Häupter, als wir in diesem Gotteshaus beteten, in dem schon Tausende von Gläubigen seit Jahrhunderten beteten. Wie in vergangenen Zeiten erwärmten die Kerzen mit ihrem weichen Lichtschein die Kirche. Man sah den Widerschein des Lichtes auf den Gesichtern des Knabenchores, der gregorianische Gesänge vortrug, eine alte, bekannte Harmonie, die schon seit Jahrhunderten in dieser Kathedrale zur Kuppel emporstieg.

In der St. Paul's Kathedrale hatten Menschen während der schwarzen Pest um Sicherheit gebetet. George Whitefield betete um die Seelen der Menschen, zu denen er predigte. Vielleicht betete auch David Livingstone dort, bevor er sich auf seine Missionsreise begab. Könige und Königinnen aus Europa beugten hier schon ihre Knie; Würdenträger und Staatsmänner ebenso. Vielleicht hatten die Pilger und Siedler, die von England nach Amerika segelten, Freunde, die dort unter den Bögen, wo ich gerade saß, für ihre Sicherheit beteten.

Sie sind eingeladen, durch Gebet und Lobpreis zum Herzen Gottes zu kommen. Im Gebet begegnen Sie dem Herrn des Weltalls.

Während ich zur hohen Decke hinaufstarrte und die schwere Wandbekleidung und die Marmorstatuen betrachtete, fiel mir der Vers in Hebräer 12,1 ein: »Da uns eine solche Wolke von Zeugen umgibt, wollen auch wir alle Last und die Fesseln der Sünde abwerfen. Laßt uns mit Ausdauer in dem Wettkampf laufen, der uns aufgetragen ist.«

Beim Verlassen der Kirche nach dem Gottesdienst dachte ich an all die betenden Christen, die nun im Himmel sind. Sie haben uns ein Beispiel gegeben, und Gott hat ihre Gebete benutzt, um sein Wort zu schützen, sein Evangelium voranzubringen, sein Volk zu stärken und uns heute über die Macht von Lobpreis und Gebet zu lehren.

Aber hier muß es sich nicht nur um Heilige von früher handeln. Diese Glaubenshelden können auch unsere Nachbarn sein, unsere Pastoren — auch Sie selbst können ein geistlicher Held sein (vgl. Ri 6,12). Auch Sie können jemandem als Vorbild dienen, der nach einem Christen sucht, der im Gebet durchhält, den Ruf zur Fürbitte ernst nimmt und wirklich glaubt, daß im Lobpreis viel Kraft liegt.

Gott sei die Ehre

Stellen Sie sich diesen großen Tag vor: »Denn wir alle müssen vor dem Richterstuhl Christi offenbar werden, damit jeder seinen Lohn empfängt für das Gute oder Böse, das er im irdischen Leben getan hat« (2 Kor 5,10).

Sie sind an der Reihe. Jesus schaut durch die Bücher, lächelt Ihnen zu und sagt:»Gut gemacht, treuer und guter Knecht! Du warst in wenigen Dingen treu; ich werde dir viele Dinge übertragen« (Mt 25,21). Er gibt Ihnen eine Krone. Vielleicht auch ein paar Kronen: die Krone, die bleibt (1 Kor 9,25—27), die Krone der Freude (1 Thess 2,19—20), die Krone der Gerechtigkeit (2 Tim. 4,8), die Krone des Lebens (Jak 1,12) und die Krone der Herrlichkeit (1 Petr 5,2—4).

Sie spüren das schwere Diadem; sie halten es in Ihren Händen und lassen Ihre Finger darübergleiten. Sie können es kaum glauben, daß Sie die Krone tatsächlich in den Händen halten. Während Sie dastehen, kommen andere Heilige und knien vor dem König der Könige, um ihre Kronen ihm zu Füßen zu legen (Offb 4,4.10). Und was tun Sie selbst — umklammern Sie Ihre Krone, oder fallen Sie auf die Knie und bringen Sie sie mit Tränen der Freude Ihrem großen Gott und Retter dar?

Dieser Tag kommt bald. Warum wollen Sie bis zur Ewigkeit warten, Ihren Herrn auf vertraute Weise zu kennen? Warum sollte man bis zum Tag des Gerichts warten, ihm Lobpreis zu geben? Sie sind eingeladen, hier und jetzt durch Gebet und Lobpreis zum Herzen Gottes zu kommen. Im Gebet begegnen Sie dem Herrn des Weltalls. Gebet ist eine Investition in die himmlische Herrlichkeit.

Gebet bedeutet, das Angesicht Gottes zu suchen. Und es ist Ihre persönliche Reise. Kein anderer kann beten, wie Sie beten, keiner kann so wie Sie im Gebet für die Menschen eintreten, die Sie kennen, keiner kann Ihren speziellen Auftrag im Gebet übernehmen, keiner kann für Sie Gott lieben.

Gebet und Lobpreis — das ist Ihr Weg. Und wenn Sie losgehen, werden Sie erleben, daß diese Reise wunderbar ist, weil Sie Gott gesucht und gefunden haben.

Gebetshilfe

Denken Sie immer daran: Sie haben im Gebet die Gelegenheit, auf vertraute und persönliche Weise mit dem Sohn Gottes zu kommunizieren. Aber genau wie jede Art der Kommunikation ist das Gebet etwas, was sich nur mit jemandem machen läßt, den man kennt.

Wenn Sie den Herrn Jesus nicht kennen, dann können Sie ihm gleich jetzt in einem ganz einfachen Gebet wie dem folgenden begegnen:

Lieber Herr Jesus, ich erkenne, daß ich mein Leben bisher ohne dich gelebt habe, und ich weiß, daß meine Sünde uns getrennt hat. Bitte komme in mein Herz und in meine Gedanken und meinen Geist, und Vater, mach mich durch deine Vergebung zu dem Menschen, den du dir vorgestellt hast. Vergib mir, daß ich mich von dir abwandte. Gib mir die Kraft, dir zu folgen. Ich lade dich ein, der Herr über mein Leben zu sein. Danke für die Veränderung, die du durch den Herrn Jesus möglich machst und wirkst. Amen.

Zur Gruppendiskussion

1. Wann haben Sie sich um Anerkennung und Ehre betrogen gefühlt, die Ihnen Ihrer Meinung nach zustand?
2. Wann haben Sie Anerkennung und Ehre empfangen, die Ihnen nicht wirklich gebührte?
3. Wer bereitet Ihnen in Ihrem Leben Freude? Warum? Was haben Sie getan, was Ihrer Meinung nach Gott gefreut hat?
4. Gibt es in Ihrem bisherigen Leben als Christ eine Erfahrung im Lobpreis, die außergewöhnlich war, und wenn ja, welche? Wo war das, und warum war es etwas Denkwürdiges?
5. Wenn Sie an jemanden denken, der Sie beobachtet, wer kommt Ihnen in den Sinn (lebendig oder tot)? Inwieweit motiviert Sie das?
6. Stellen Sie sich vor, wie Sie schließlich Gott von Angesicht zu Angesicht gegenüberstehen. Was ist das erste, was Sie sagen oder tun möchten? In welcher Weise können Sie dies auch schon jetzt tun?
7. In welcher Weise hat dieses Buch Ihnen auf Ihrem Weg des Gebetes und Lobpreises geholfen?

ZUM SCHLUSS ...

Genau wie Sie bin auch ich noch auf dem Weg und suche Gottes Angesicht in Gebet und Lobpreis. Manchmal weiche ich von der Route ab, nehme einen Seitenpfad, manchmal vergesse ich sogar, wo ich hingehe. Aber vor nicht allzulanger Zeit habe ich eine Art Meilenstein erreicht — ich bete mehr, und es macht mir zunehmend Freude! Und ich bin dabei zu entdecken, daß Gebet der Weg zum Herzen Jesu ist.

Teilweise ist diese Entdeckung auf verschiedene Bücher zurückzuführen, die ich verschlungen und wieder und wieder gelesen habe, bis ich die Botschaft richtig verstand. *Love on Its Knees* und *The Hour That Changes the World* von Dick Eastman (Baker Book House) waren wie ein Sprungbrett in die Aufgabe weltweiter Fürbitte. Ich hatte viel Freude daran, für behinderte Menschen in Ländern um die ganze Welt herum zu beten! Ich empfehle diese Bücher wärmstens jenen, die auf Ihrer Reise einen großen Fortschritt machen wollen.

Und da Sie ein Weggenosse sind, würde ich gerne hören, wie es Ihnen geht. Bei *Joni und Freunde* haben wir ein Gebetsteam mit über vierhundert Menschen, die für die vielen Menschen mit Behinderungen und für ihre Familien im Gebet eintreten und Christus anrühren. Wenn Sie bei diesem Gebetsteam mitmachen wollen, dann lassen Sie es mich wissen!

Joni und Freunde
P.O.Box 33 33
Agoura Hills, CA 91301
(818) 707-5664
TDD: (818) 707-7006
U.S.A.

ÜBER DIE AUTORIN

Trotz des Badeunfalls im Jahr 1967, der Joni querschnittsgelähmt an den Rollstuhl fesselte, hat sie sich durch diese Einschränkungen nicht lahmlegen lassen. Joni ist nicht nur eine international bekannte Mundmalerin. Ihr Name ist in vielen Ländern der Welt bekannt durch ihre Bestseller-Bücher, einschließlich ihrer Autobiographie, *Joni.*

Joni und ihr Ehemann Ken, der Geschichtslehrer ist, wohnen im kalifornischen Woodland Hills. Sie spielen Schach, gehen im Sierra-Gebirge zelten und freuen sich an ihrem Minischnauzer Scruffy.

Während ihres fast 25jährigen Gelähmtseins hat Joni gelernt, sich auf die Hilfe von Freunden und auf die Gnade Gottes zu verlassen. Ihre schwere Behinderung hat sie in ein tieferes Studium des Wortes Gottes geführt und ihr eine reichhaltige Einsicht in die Fürbitte gegeben — davon können Sie vieles in diesem Buch nachlesen.

Bücher zum Thema Gebet
die im Projektion J Verlag erschienen sind:

Joni Eareckson-Tada
Dich suche ich
Mein Leben in Lobpreis und Gebet
Gebunden, ca. 180 Seiten, DM 28,00, ISBN 3-925352-70-8

Benny Hinn
Guten Morgen, Heiliger Geist
Gebunden, ca. 200 Seiten, DM 24,80, ISBN 3-925352-67-8

Bill Hybels
Aufbruch zur Stille
Von der Lebenskunst inmitten der Anforderungen von Beruf und
Familie Zeit für das Gebet zu finden
Paperback, ca. 172 Seiten, DM 19,80, ISBN 3-925352-68-6

Quin Sherrer
Gebet für unsere Kinder
Eine Anleitung für Paten, Eltern und Freunde
Paperback, 112 Seiten, DM 16,80, ISBN 3-925352-46-5

Paul Yonggi Cho
Gebet – Schlüssel zur Erweckung
Wie Sie lernen können, vollmächtig zu beten
Paperback, 160 Seiten, DM 19,80, ISBN 3-925352-10-4

George Mallone
Zieht an die Waffenrüstung Gottes
Spielregeln für Sieger
Paperback, ca. 200 Seiten, DM 19,80, ISBN 3-925352-69-4

C. Peter Wagner
Das Kampfgebet
Eine Trilogie über Erfahrungen mit dem Gebet
Paperback, ca. 160 Seiten, DM 19,80, ISBN 3-925352-72-4

Projektion J Verlag · Niederwaldstr. 14 · D-6200 Wiesbaden
Telefon: 0611 / 811 09 33 · Telefax: 0611 / 811 09 28